STAUFFENBURG

Einführungen

Band 29

Sven Staffeldt
Claudia Zimmermann
Ralf Zimmermann

Würzburger Wald

Syntaktische Baumschule am Beispiel eines authentischen Textes

2., veränderte Auflage

STAUFFENBURG
VERLAG

Bibliografische Information der Deutschen Nationalbibliothek

Die Deutsche Nationalbibliothek verzeichnet diese Publikation in der Deutschen Nationalbibliografie; detaillierte bibliografische Daten sind im Internet über <http://dnb.ddb.de> abrufbar.

2., veränderte Auflage 2016

Postfach 25 25 · D-72015 Tübingen
www.stauffenburg.de

Gedruckt auf säurefreiem und alterungsbeständigem Werkdruckpapier.

ISSN 0948-3365
ISBN 978-3-95809-410-9

Vorwort zur zweiten Auflage

Bei der Behandlung von Passiven und Passivkonkurrenzen hat sich im „Würzburger Wald“ eine Änderung ergeben: Durch die Einführung des Umwandlers bei der Valenzrealisierung (s. den Abschnitt zum Passiv in den Vorbemerkungen) ist es möglich geworden, Passivsätze sowohl valenziell als auch strukturell adäquat zu analysieren, ohne dabei Umformulierungen vornehmen zu müssen. Hier waren wir einige Zeit lang auf der Suche nach einer Lösung gewesen, die – nachdem sie gefunden war – mit unseren Kollegen intensiv besprochen und probeweise bei Satzanalysen erfolgreich getestet wurde. Es gilt jetzt: Kein Satz muss für die eigentliche syntaktische Analyse mehr umformuliert werden. Dadurch sind Änderungen in einer Reihe von Bäumchen notwendig geworden. Und zwar bei den Visualisierungen der folgenden Sätze: 5, 7, 12, 29, 34, 41, 44, 46, 50, 51, 57, 60, 66, 90 und 110. Ansonsten wurden über die Behebung einiger kleinerer Fehler hinaus keine tiefgreifenden Änderungen vorgenommen. Für intensive Diskussionen und wichtige Anregungen danken wir unseren Würzburger KollegInnen, insbesondere aber Wolf Peter Klein, Matthias Schulz, Stephan Moser und Peter Stahl.

Inhaltsverzeichnis

0. Vorbemerkungen

Dieses Buch richtet sich vor allem an Studierende und Lehrende im Bereich der deutschen Sprachwissenschaft, für die mit diesem Buch flankierend zur valenziell orientierten Syntax-Lehre einerseits ein umfangreiches Anschauungsmaterial bereitgestellt, andererseits aber auch in größerem Umfang Anlass und Material zu Diskussionen syntaktischer Phänomene gegeben wird – etwa in entsprechenden Lehrveranstaltungen zur Syntax des Deutschen.

Darüber hinaus richtet sich das Buch natürlich auch an die syntaktische Fach- und Studienwelt allgemein. Syntax zu betreiben ist häufig ein eher theoretisches Unterfangen, das manchmal schon deswegen nicht empirisch breit zur Anwendung kommt (oder kommen kann), weil bereits Aufbau, Weiterentwicklung und Rezeption der verschiedenen Syntax-Theorien viel Raum und Zeit für sich beanspruchen und der textuell fassbare Sprachgebrauch einem nicht immer den Gefallen tut, stets genau die Beispiele bereitzustellen, die man zu Demonstrationszwecken benötigt. Hauptaugenmerk vieler Syntaxen liegt zudem meist auf der Entwicklung oder Darstellung der Theorie, nicht aber auf der Erprobung der Theorie in umfangreichen Analysen authentischen Sprachgebrauchs, etwa längerer Zeitungsartikel. Mit diesem Buch zeigen wir, dass es mithilfe unseres valenzorientierten Ansatzes möglich ist, mit nicht extra für die Analyse ausgewählten oder gar konstruierten Beispielen in größerer Anzahl adäquat umgehen zu können. Dafür wird ein Text aus der Süddeutschen Zeitung mit insgesamt 113 Sätzen (sowie drei Überschriften und einer Autorenzeile) komplett analysiert. Dass dieses Unternehmen erfolgreich ist, nehmen wir als Indiz für die Leistungsfähigkeit unseres Ansatzes, schriftsprachliches Standarddeutsch – wozu dieser Text gehören dürfte – adäquat syntaktisch analysieren zu können. In dem Text kommen im Übrigen auch Konstruktionen vor, die (jedenfalls momentan noch) eher als charakteristisch für das gesprochene Deutsch anzusehen sind. So etwa die Operator-Skopus-Struktur. Aber auch mit diesen kommt unser Ansatz gut zurecht (s. u.).

Wie jedes Sprachvorkommen verschieden ist, so ist auch der Aufwand für syntaktische Analysen unterschiedlich hoch. Wir haben als Autoren dieses Buches alle Sätze des Textes miteinander besprochen. Bereits die Länge der Diskussionen bei einzelnen Sätzen, Satzgliedern, Konstituenten, Funktionen usw. wäre gewiss ein Indikator für das unterschiedliche Strittigkeitsniveau in syntaktisch analysierender Konfrontation mit den authentischen Sätzen. Kurz gesagt: Manche Analysen sind eher unkompliziert und unstrittig, andere hingegen bedürfen einer intensiveren Diskussion. Dabei geht es dann in der Regel nicht um richtig oder falsch, sondern vielmehr um die Frage, welche Analysegesichtspunkte man in den Vorder- oder in den Hintergrund rücken möchte. Gerade bei den komplizierteren Fällen zeigt sich auch immer wieder, wie eng die syntaktische Analyse mit dem Satzverstehen verbunden sein kann. Zugespitzt gesagt: Manchmal versteht man die sprachlich kodierten Inhalte besser, wenn man sich die verschiedenen syntaktischen Analysemöglichkeiten vor Augen führt.[1]

Einen Satz syntaktisch zu analysieren heißt ein Satzverstehen nach bestimmten Kriterien offenzulegen. Jeder Satzanalyse geht ein grundsätzliches, voranalytisch verborgenes Verstehen ebenso voraus, wie der Prozess der Analyse ein solches Verstehen konkretisiert und ausdrücklich festzurrt: **Ohne Verstehen keine Analyse.** Allerdings ist es eine Sache, einen Satz zu verstehen, und eine andere, dieses Verstehen auch explizieren zu können. Ersteres gelingt, wenn alle Verstehensbedingungen erfüllt sind, etwa dass die Verstehenden kompetente SprecherInnen der jeweiligen Sprache sind, der Satz sie vom Komplexitätsgrad nicht überfordert und er für sich genommen, aber auch in seiner kontextuellen Einbettung sinnvoll ist usw. Insofern ist Verstehen eine Art Selbstverständlichkeit, wobei Nicht-Verstehen und Missverstehen durch Um- und Neuformulierungen beseitigt werden können. Letzteres aber, die Explikation des Verstehens, ist alles andere als selbstverständlich. Hier kommt die Sprachwissenschaft ins Spiel. Insofern sie Kategorien und Verfahren zur Explikation von derart verborgenem, implizitem Wissen bereitstellt, das in der verbalen Kommunikation mehr oder weniger problemlos zum Einsatz kommt, ist auch sie, was seit Sokrates von der Philosophie gesagt wird: eine Hebammenkunst. Die Linguistik macht explizit, was kompetente SprecherInnen und HörerInnen einer Sprache implizit bereits wissen, was sie sozusagen sprachlich können.

Für Analysen, die ein Satzverstehen syntaktisch explizieren sollen, benötigt man einen theoretischen Hintergrund, der die Analysewerkzeuge bereitstellt: **Ohne Beschreibungsmittel keine Analyse.** Der vorliegende Band versteht sich als eine Explikation von Satzverstehen anhand eines konkreten, valenzorientierten Beschreibungsinventars. Es werden alle Sätze und Überschriften eines Zeitungsartikels (s. Abschnitt 1.) unverändert syntaktisch analysiert. Damit ist der Anspruch verbunden, ein bestimmtes (nämlich das in der akademischen Ausbildung am Lehrstuhl für deutsche Sprachwissenschaft an der Julius-Maximilians-Universität Würzburg verwendete) Verfahren zur syntaktischen Analyse einerseits in seiner Anwendung zu demonstrieren, es andererseits aber aufs Neue und an einer größeren Anzahl von authentischen, nicht jeweils extra ausgewählten Sätzen aus der freien Wildbahn des Journalismus zu erproben. In Bezug auf die Demonstration des Analyseverfahrens liegt mit diesem Buch ein Anschauungs- und Unterrichtsmaterial für Studierende und DozentInnen vor, mit dem zugleich praktisch und theoretisch gearbeitet werden kann. Dabei kann es gleichzeitig als Nachschlagewerk und als Diskussionsgrundlage fungieren. Die hier versammelten Analysen haben – das sei hier ausdrücklich betont – keinen lehrdogmatischen Charakter. Sie geben nicht vor, wie es richtig zu sein hat, wenn man das Würzburger Verfahren anwendet. Vielmehr zeigen sie pro Satz mindestens eine Möglichkeit auf, wie man syntaktisch analysieren kann. Diese Lösung steht aber immer auch zur Diskussion. Die Analyseergebnisse sind also keine Vorgaben, sondern Lösungsvorschläge. Sie zeigen, wie wir Autoren diese Sätze

---

[1] Als Beispiel für einen Satz, in dem die Beantwortung der Frage, welches die Satzglieder sind und wie die Funktionen der Konstituenten einzuschätzen sind, etwas komplizierter ist, sei Satz 96 genannt. Als ein treffendes Beispiel, inwiefern das Verstehen der Analyse vorgängig ist, sei die kurze Diskussion um *evangelisch* in Satz 90 angeführt. Und als Beispiel für einen völlig problemlosen Satz kann Satz 65 herangezogen werden.

jeweils syntaktisch verstehen und analysieren. Insofern ist dieses Buch als Anstoß zur selbstständigen syntaktischen Reflexion gedacht.[2]

Die in der Würzburger Lehre im Bereich der Syntax eingenommene Analyseperspektive geht auf einen valenzorientierten Ansatz zurück, der sich über die Jahrzehnte akademischer Lehre hinweg stetig verändert hat. Der Ausgangspunkt der Würzburger Lehre ist mit Wolf (1982) gegeben. Das auf dieser Grundlage erstellte und in der Lehre verwendete Skript von Norbert Richard Wolf wurde im Jahr 2011 unter der Federführung von Claudia Blidschun (jetzt: Zimmermann) grundlegend überarbeitet und liegt seitdem als Online-Veröffentlichung vor (Blidschun 2011). An diesem Lehr- und Arbeitsbuch orientieren sich die hier vorgestellten Analysen.

Von der Anlage und den Grundgedanken her hat sich der Analyseansatz aber in diesen 30 Jahren nicht wesentlich geändert. Nach wie vor handelt es sich um einen valenziellen Zugang, der näher an dem von Hans-Werner Eroms (vgl. Eroms 2000) als an dem von Ulrich Engel (vgl. Engel 2004) liegt.[3] Das Verb (genauer: das lexikalische Vollverb) ist das strukturelle Zentrum (der **verbale Kern**) des Satzes und strukturiert diesen als solchen vor. Es fordert eine bestimmte Anzahl und Art von **Ergänzungen**, ohne deren Vorkommen entsprechende Sätze nicht mehr ohne Weiteres grammatisch sind. Oder anders herum: Ein minimaler Satz besteht aus dem verbalen Kern und dessen Ergänzungen. Darüber hinaus können über **Angaben** noch zusätzliche Informationen in den Satz eingebracht werden. Für Satzglieder gibt es bei diesem Zugang also nur zwei Hauptfunktionen: Ergänzung oder Angabe. In einer (freilich viel zu groben) Schematisierung könnte man sagen: Das Verb will bestimmte Substantive als Ergänzungen haben und es können bestimmte Adverbien zu diesem Komplex hinzutreten.[4] Satzglieder selbst können wiederum komplex sein. Hier kommt die dritte syntaktische Hauptfunktion ins Spiel: das **Attribut**. Wiederum viel zu grob schematisiert ließe sich sagen: Attribute sind weitere

---

2 Die folgenden Abschnitte bis Seite 7 entstammen, leicht modifiziert, zu einem größeren Teil dem Aufsatz Staffeldt/Zimmermann/Zimmermann 2014, in dem anhand der ausführlichen Analyse von zehn Sätzen der in Würzburg vertretene valenzorientierte Ansatz vorgestellt wird. An einem dieser zehn Sätze wird dort kleinschrittig auch das Gesamtverfahren von Grob- und Feinanalyse demonstriert. In dem vorliegenden Buch dagegen konzentrieren wir uns auf die Feinanalyse.

3 Freilich gibt es aber deutliche Unterschiede zu Eroms, etwa was die strukturelle Position des Subjekts betrifft. Hier Vergleiche anzustellen ist aber nicht mehr Anliegen dieser Vorbemerkungen.

4 Hier sind Anklänge an Tesnière, den Begründer der Valenzgrammatik, herauszuhören, der Aktanten (= Ergänzungen) und Angaben unter Bezug auf das, was er *volle Wörter* nennt, folgendermaßen unterscheidet: „Die Aktanten sind immer Substantive oder Äquivalente von Substantiven. Umgekehrt nehmen die Substantive im Satz grundsätzlich immer die Funktion von Aktanten ein. […] Die Angaben sind immer Adverbien (der Zeit, des Orts, der Art und Weise usw.) oder Äquivalente von Adverbien. Umgekehrt nehmen die Adverbien im Satz grundsätzlich immer die Funktion von Angaben ein." (Tesnière 1980: 93f.) Diese Bestimmung ist natürlich zu eng, erklärt aber z. B., warum das Subjekt weiterhin E_{nom} genannt wird, auch wenn es etwa durch einen Nebensatz realisiert ist, wie in dem folgenden Beispiel, in dem der Nebensatz ja wohl kein Substantiv-Äquivalent mehr sein dürfte: *Dass ich nicht groß bin, ist nicht schlimm.* Für Tesnière waren dies übrigens Translationen (Überführungen) zweiten Grades, bei denen ein „Satz mit einem Verb […] als Zentrum in ein Substantiv transferiert wird, das vom Verb des regierenden Satzes abhängt." (Tesnière 1980: 337).

Bestimmungen der Substantive.[5] Dies sind also die drei syntaktischen Hauptfunktionen: Ergänzungen und Angaben (bei Satzgliedern) und Attribute (bei Satzgliedteilen).

Neben diesen Hauptfunktionen gibt es noch eine Reihe weiterer syntaktischer Funktionen, die zum Teil an bestimmte Positionen im Satz gebunden sind. So etwa das Determinativ als diejenige Einheit, die in Nominalgruppen den linken Rand bildet, und über die man vor allem (aber nicht nur) die Definitheit festlegen kann. Zum Beispiel: *dieser Mann, der Mann, ein Mann, mehrere Männer, kein Mann* usw. Oder der meist vor dem Determinativ anzutreffende Fokusoperator, dessen Aufgabe es ist, das Folgende auf eine bestimmte Art hervorzuheben (und damit zumeist auch irgendwie zu kommentieren). Zum Beispiel: *sogar diese Frau, auch diese Frau, selbst diese Frau, nur diese Frau* usw. Oder der meist links von seinem Bezugselement stehende Intensivierer, über den es möglich ist, einen Grad anzugeben, in dem das Bezugselement vorliegt. Zum Beispiel: *sehr neu, äußerst stabil, wahnsinnig toll* aber auch *kaum interessant, wenig erfreulich* usw.

Sowohl Ergänzungen als auch Angaben und Attribute können auf unterschiedliche Weise realisiert sein. Die oben getroffenen Zuordnungen (Ergänzungen-Substantive, Angaben-Adverbien und Attribute-Adjektive) sind in dieser Schematisierung also viel zu eng. Alle drei Hauptfunktionen können nämlich strukturell durch einfache und ausgebaute Wortgruppen mit Kernen verschiedener Wortarten (z. B. Nominalgruppen (NGr), Adjektivgruppen (AdjGr), Adverbgruppen (AdvGr)) oder durch Nebensätze realisiert werden. Alle Realisierungen können zudem durch verschiedene Fügteile (z. B. Präpositionen, Subjunktionen) angeschlossen werden.

Bei der Analyse werden in der Würzburger Lehre generell folgende Punkte abgearbeitet:

Grobanalyse

1) Satztyp bestimmen,
2) finite und infinite Verben suchen sowie den oder die verbalen Kerne bestimmen (und damit auch die Anzahl der vorliegenden Sätze im Gesamtsatz feststellen),
3) Nebensätze identifizieren und deren Funktion angeben,
4) Satzglieder bestimmen und diese in der

Feinanalyse

5) daraufhin untersuchen, ob es sich um Ergänzungen oder Angaben handelt,
6) die Realisierungsformen der Ergänzungen und Angaben feststellen, ebenso die Kerne dieser Realisierungsformen,
7) die Satzgliedteile bestimmen und
8) die Realisierungsformen der Attribute feststellen, ebenso die Kerne dieser Realisierungsformen und den weiteren strukturellen Aufbau.

---

5 Und auch hier ist wieder Tesnière zu hören: „das Attribut [...] hat das Substantiv, von dem es abhängt, qualitativ zu bestimmen. [...] Grundsätzlich wird die Funktion des Attributs vom Adjektiv wahrgenommen.“ (Tesnière 1980: 129f.) Auch dies ist klarerweise viel zu eng konzipiert und eher als prototypisch zu verstehen. Denn natürlich gibt es im Deutschen auch viele anders realisierte Attribute, wie zum Beispiel das nachgestellte Genitivattribut: *die Farbe des Mantels*.

9) Einzelne Schritte sind jeweils zu wiederholen, wenn mehrere Einheiten (etwa mehrere verschachtelte Sätze oder Attribute etc.) vorliegen.

Kommentar

10) Schwierige Entscheidungen bei eventuellen Alternativen und strittige Fälle werden als Kommentar nachgeliefert.

Die in diesem Buch vorgelegten Analysen beschränken sich mit den zum Teil kommentierten Bäumchen allerdings auf die Feinanalyse. In diesem Baumgraphen werden über drei verschiedene vertikale Linien **Konstituenz** (Besteht-aus-Beziehung), **Dependenz** (Abhängigkeitsbeziehung) und **Valenz** (Fordert-Ergänzungen-Beziehung) dargestellt: Konstituenz durch eine einfache durchgezogene Linie, Dependenz durch einen gestrichelten Pfeil und Valenz durch einen durchgezogenen Pfeil. Ein Satz besteht grundsätzlich aus dem verbalen Kern, der bestimmte Ergänzungen fordert, die von diesem abhängig sind, und Angaben, die zum verbalen Kern hinzutreten können. Die Grundstruktur des Satzes ist also schematisch vereinfacht (wobei die Anzahl der Ergänzungen und Angaben nur demonstrativen Charakter hat und nicht suggerieren soll, Sätze bestünden immer aus zwei Ergänzungen und zwei Angaben):

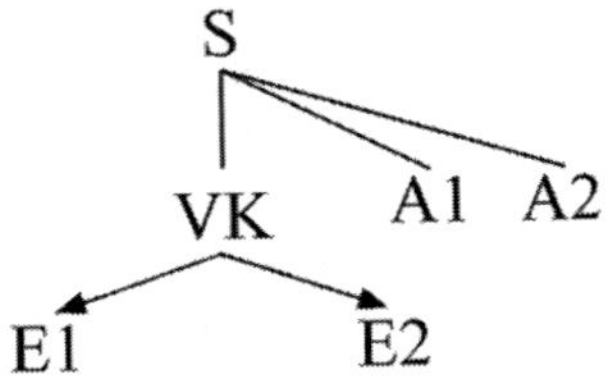

Abbildung 1: Grundstruktur (der visuellen Darstellung der valenziellen Analyse) von Sätzen – Ein Beispielsatz mit genau dieser Struktur wäre etwa: *Otto* (= E1) *trinkt* (= VK) *sein Bier* (= E2) *heute* (= A1) *genießerisch* (= A2).

Diese Grundstruktur muss in den einzelnen Analysen erweitert werden, um etwa Hilfs- und Modalverben oder Satzadverbiale (z. B. *hoffentlich*, *leider*, *sicherlich*) erfassen zu können. Von Hilfsverben (HV) und Modalverben (MV) ist nämlich die Form des VK (also etwa Partizip II oder Infinitiv von HV bzw. Infinitiv von MV) abhängig und Satzadverbiale modifizieren den Inhalt des gesamten Satzes (inklusive VK sowie die davon abhängigen E und die hinzutretenden A):

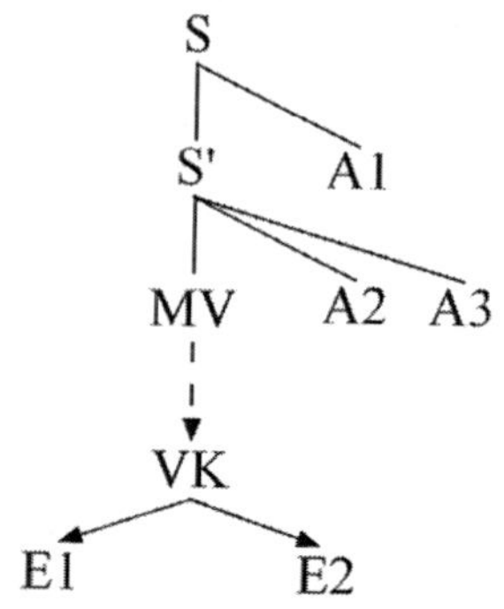

Abbildung 2: Erweiterte Grundstruktur (mit einem Modalverb als Beispiel) – Ein Beispielsatz mit genau dieser Struktur wäre: *Otto* (= E1) *muss* (= MV) *jetzt* (= A2) *sein Bier* (= E2) *leider* (= A1) *schnell* (= A3) *austrinken* (= VK).

Bei allen drei Hauptfunktionen (Ergänzung, Angabe, Attribut) stellt sich die Frage nach deren **Realisierung**. Grundsätzlich wird angenommen, dass diese drei Funktionen realisiert sind durch eine syntaktische Gruppe mit einem jeweiligen Kern, aus dem diese Gruppe mindestens besteht. Für die Symbolisierung der Ist-realisiert-durch-Beziehung verwenden wir eine doppelte vertikale Linie (bzw. ein auf der Seite stehendes Gleichheitszeichen, wenn man so will). Für den als Beispiel angenommenen Fall, dass eine Ergänzung durch eine Nominalgruppe realisiert wird, die einen nominalen Kern enthält, der wiederum durch ein Adjektiv attribuiert wird und von dem ein Determinativ abhängig ist, sieht die Grundstruktur in der **Langschreibweise** folgendermaßen aus:

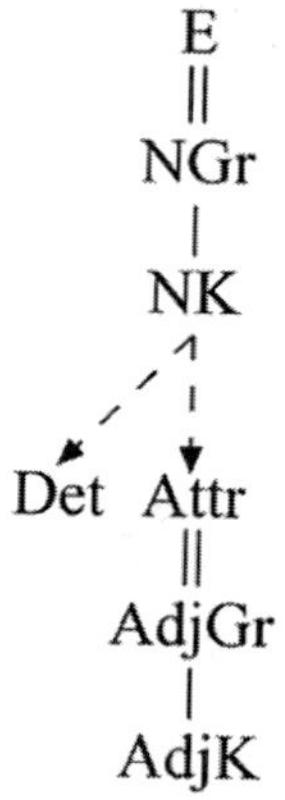

Abbildung 3: Grundstruktur von Realisierungen syntaktischer Hauptfunktionen – hier anhand eines Beispiels, bei dem eine Ergänzung realisiert wird durch eine Nominalgruppe, die aus einem nominalen Kern (zum Beispiel einem Substantiv oder einem Pronomen), einem Determinativ und einem adjektivischen Attribut besteht, z. B. [*Ich sah*] *das kleine Kind.*

Für Probleme und schwierigere Fälle, bei denen argumentiert und evtl. eine Entscheidung getroffen werden muss, ist schließlich ein Kommentarbereich vorgesehen, in dem diese Dinge textuell geklärt werden können.

Bei den folgenden Analysen tauchen wiederholt Phänomene auf, die einen Kommentar erfordern. Einige Grundentscheidungen stellen wir folgend kurz vor, damit wir sie nicht in jedem Kommentar erneut ansprechen müssen, vorweg noch zwei allgemeine Bemerkungen zur Visualisierung und zum Satzbegriff.

Zur Visualisierung der Analyse durch Bäumchen allgemein

Obwohl natürlich sowohl eine rein textuelle Darstellung der Analyse als auch andere Visualisierungen möglich sind, wird in der Würzburger Lehre die Visualisierung über einen Baumgraphen bevorzugt. Die beiden Hauptgründe dafür sind: (1) Diese Art der Darstellung syntaktischer Zusammenhänge ist effektiv und präzise. Mit ihr können – auch bei längeren Sätzen – komplette Analysen übersichtlich visualisiert werden, deren satzweise Ausformulierung, tabellarische Erfassung oder listenartige Aufzählung bei gleichem analytischen Informationsgehalt insgesamt umständlicher und in der Regel auch weniger übersichtlich wären. (2) Mit den Bäumchen können Analysen durch die Verwendung unterschiedlicher Pfeil-Striche und Oben-Unten-Anordnungen[6] vor allem auch dependenziell und valenziell adäquat visualisiert werden. Gerade dies ist für die Darstellung einer valenziell orientierten Analyse von großem Vorteil.

Das Ziel der Visualisierung besteht einerseits darin, die valenziell und dependenziell hierarchische Struktur des Satzes zu verdeutlichen, und dabei andererseits tatsächlich auch alle Wörter des Satzes zu erreichen. In der Bäumchen-Darstellung manifestiert sich damit gewissermaßen der (durchaus erwünschte!) Zwang, dass die syntaktische Analyse vollständig ist und wirklich alle Wörter eines gegebenen Satzes umfasst. Ist man bei den einzelnen Wörtern angelangt, werden diese unter die jeweiligen Abkürzungen für diese Konstituente geschrieben (etwa *kleine* unter AdjK). Wenn, wie in diesem Fall, eine Funktion durch eine Gruppe realisiert wird, die nur aus einem Kern besteht und aus nichts weiter, kann hier auch eine **Kurzschreibweise** benutzt werden. Das Realisierungszeichen, die Angabe der Gruppe und des Kerns fallen dann weg (in dem Beispiel: *kleine* wird direkt unter Attr notiert).[7] Auf diese Weise enthält der Baumgraph auch immer eine Information über die Kernwortart der die Funktion realisierenden Gruppe. Diese Information könnte bei der Kurzschreibweise integriert werden, indem man statt ‚Attr' etwa ‚Attr_{adj}' etc. verwendet.

Der Baum ist dabei nicht projektiv, d. h. es geht nicht darum, ob die im Baum an der entsprechenden Stelle eingetragenen objektsprachlichen Wörter (also die Wörter des zu analysierenden Satzes) in der Reihenfolge (von links nach rechts) so auftauchen, wie sie in dem zu analysierenden Satz stehen. Im Vordergrund steht die Visualisierung syntaktischer Zusammenhänge und nicht etwa die Belegung der Felder. Wichtig ist, dass mög-

---

6 Bzw. der Relation von Ausgangspunkt des Pfeils und Endpunkt des Pfeils.

7 In den folgenden Satzanalysen verwenden wir bei den Realisierungen der syntaktischen Hauptfunktionen E, A und Attr überwiegend die Langschreibweise, bei den Realisierungen syntaktischer Nebenfunktionen (Det, FO, Int etc.) dagegen überwiegend die Kurzschreibweise.

lichst alle Wörter erfasst werden, nicht dagegen, ob die horizontale Anordnung letztlich auch der Reihenfolge im Satz entspricht.

Zum Satzbegriff

Strukturierendes Zentrum des Satzes ist der VK. Als satzwertig betrachten wir alle Einheiten mit einem VK, unabhängig davon, ob dieser finit ist oder nicht. Weil das so ist, haben wir als oberstes Struktursymbol bei Satz 4 zum Beispiel auch kein ‚S'. Eine Konsequenz dieses valenziellen Zugriffs auf die Analyse von Sätzen ist auch, dass wir die E_{nom} als vom VK geforderte Einheit ansehen und diese daher im Baum konsequent vom VK abgehend notieren, auch wenn der VK infinit ist und in solchen Fällen das finite Verb und nicht der VK mit der E_{nom} in den Flexionskategorien Person und Numerus kongruiert.[8]

Zur Rolle der Präpositionen

Die Orientierung an dem klassischen Valenzansatz bringt eine Konzentration auf die sog. Vollwörter bzw. Inhaltswörter mit sich. Dies sind lexikalische Einheiten, die grundsätzlich als Kern (in anderen Theorien auch ‚nucleus' genannt) einer Gruppe fungieren können und darüber hinaus semantische Informationen tragen. Zwar haben etwa auch Präpositionen Bedeutung (etwa lokale oder finale), deren Hauptfunktion sehen wir – wie auch bei Konjunktionen und Subjunktionen – aber darin, sprachliche Einheiten an andere sprachliche Einheiten zu fügen.[9] Obwohl sie den Kasus der Gruppe regieren, mit der die entsprechende syntaktische Hauptfunktion (E, A, Attr) realisiert wird, sehen wir sie strukturell nicht als Kopf (in anderen Theorien auch ‚head' von Gruppen genannt) an, sondern als grammatisch fügende Elemente. Wir kennen deshalb – im Unterschied zu dem Ansatz von Engel 2004 – als strukturelles Element in den Bäumchen auch keine PrGr (= Präpositionalgruppe) bzw. PP (= Präpositionalphrase); außerhalb der durch die Bäumchen visualisierten Analyseergebnisse allerdings schon.

Partikeln

Partikeln spielen sowohl auf der Satzglied- als auch auf der Satzgliedteil-Ebene eine Rolle. Es handelt sich dabei um sprachliche Einheiten, die meist homonym zu Einheiten anderer Wortarten sind und sprecherbezogene Bedeutungen (zum Beispiel Ausdruck von emotionalen oder doxastischen Haltungen) oder zusätzliche Inhalte haben, die in ihrem genauen Gehalt häufig schwer zu beschreiben sind. Syntaktisch spielen sie auf Satzgliedteilebene eine Rolle als Intensivierer (Int) oder Fokusoperator (FO). Int werden im

8 Für die Zählung der zu analysierenden Einheiten des Textes haben wir durchgängig die Bezeichnung ‚Satz' verwendet, auch wenn es sich dabei (in wenigen Fällen) um verblose Einheiten handelt. Der Zählung liegt also ein orthografischer Satzbegriff eine Rolle: Ein zu analysierender Satz ist hier also das, was zwischen Großschreibung, die einem Satzzeichen folgt, und einem Satzzeichen steht.

9 Deshalb verbinden Fügteile (= FT) auch strukturelle Einheiten (als Gruppen) und nicht Funktionen (also nicht E, A, oder Attr) miteinander. Nur in Ausnahmefällen lassen wir dies zu (vgl. Satz 1, wo das FT *so wie* zur Funktion ‚hochgezogen' wurde, weil ansonsten eine FT-Kollision im Baum entstünde). Verschmelzung (*im*, *am* etc.) analysieren wir als eine Einheit (also als ein FT) und nicht als zwei Einheiten (also nicht als FT und Det). Häufig wäre eine Rückumformulierung ja auch nicht adäquat, z. B. *ich gehe noch zur Schule* → **ich gehe noch zu der Schule*.

Grunde als eine spezielle Art von Attributen behandelt, mit denen man den Grad des Bezugselements angeben kann (zum Beispiel *sehr*, *außerordentlich*, *furchtbar* [*schön*]). FO betrachten wir als Konstituenten der jeweiligen Gruppe, die diese besonders hervorheben und häufig zusätzliche komplexe Inhalte kodieren (zum Beispiel *sogar* [*Klaus*]). Auf Satzgliedebene spielen Partikeln eine Rolle als A_{mod}.

Determinative

Diese syntaktische Funktion kann vor allem durch Artikel und Pronomina realisiert werden. Eine vorangestellte NGr im Genitiv (= sächsischer Genitiv) sehen wir (im Unterschied etwa zu Pafel 2011: 119f.) nicht als Det an. Det ist reserviert für grundsätzlich nicht erweiterbare kleinere sprachliche Einheiten (meist nur ein Wort) als linker Rand einer NGr (vergleichbar der Besetzung der linken Satzklammer bei Sätzen).

Passiv

Sätze mit Verben im Passiv valenziell adäquat zu analysieren und die Analyseergebnisse im Bäumchenformat angemessen zu visualisieren, das sind nicht ganz einfache Unterfangen. Einerseits soll sowohl die Analyse als auch die Visualisierung die Valenz des lexikalischen Verbs erfassen, welches das strukturelle Zentrum des Satzes ist, andererseits soll auch der Satz so, wie er vorgefunden wird, angemessen analysiert werden. Das Problem besteht nun darin, dass Passive die Valenz des Verbs um mindestens eine obligatorische Stelle reduzieren können (beim sog. persönlichen oder auch Zweitakt-Passiv), manchmal auch um zwei (beim sog. unpersönlichen oder auch Eintakt-Passiv), ohne aber dabei die Bedeutung des Verbs zu verändern. Man kann hier auch von Valenzreduktion oder strukturell bedingtem unterwertigen Gebrauch sprechen. Eine strikte Analyse von Passiven ohne Bezugnahme auf die Valenz des Verbs, wie sie das Verb aus dem Lexikon mitbringt, würde also u. U. zum Ergebnis haben, dass ein und dasselbe Verb in drei Valenzvarianten vorliegt, etwa als zweiwertiges, einwertiges oder nullwertiges Verb. Das aber ist inadäquat, weil mit diesen hypothetisch angenommenen unterschiedlichen Valenzen keine Bedeutungsunterschiede des Verbs verbunden sind und Valenz wesentlich eine lexikalisch-semantische Eigenschaft ist, die sich in der Syntax auswirkt. Dieser Zusammenhang sei beispielhaft an verschiedenen Sätzen mit *essen* als verbalem Kern erläutert:

(1) Aktivsatz
Heute hat das Baby den Brei gegessen.

(2) Vorgangspassiv mit Realisierung des Agens als PrGr
Heute wurde der Brei von dem Baby gegessen.

(3) Vorgangspassiv unter Aussparung des Agens
(persönliches Passiv, Zweitakt-Passiv)
Heute wurde der Brei gegessen.

(4) Vorgangspassiv unter Aussparung des Agens und des Patiens
(unpersönliches, subjektloses Passiv, Eintakt-Passiv)
Heute wurde gegessen.

(5) Zustandspassiv
Der Brei ist gegessen.

Eine valenziell orientierte Analyse dieser Sätze muss erfassen können, dass es sich in allen Fällen um dasselbe zweiwertige *essen* handelt. Eine Möglichkeit besteht darin, in der Analyse zu berücksichtigen, dass es sich beim Passiv um eine Konverse des Aktivs[10] handelt. Die Konverse besteht darin, dass Agens und Patiens die syntaktischen Positionen im Satz tauschen. Während im Aktivsatz das Agens als NGr im Nominativ realisierbar ist (hier: *das Baby*), wandert es im Passivsatz in eine *von-* oder *durch-*PrGr (hier: *vom Baby*). Das Patiens hingegen ist im Aktivsatz als NGr im Akkusativ realisierbar (hier: *den Brei*) und wandert im Passivsatz in eine NGr im Nominativ (hier: *der Brei*). Damit wird es formal zum Subjekt des Passivsatzes. Eine Berücksichtigung des Passivs als Konverse des Aktivs kann in der Visualisierung mittels der Verwendung eines speziellen Symbols geschehen: dem Umwandler (oder für das Passiv auch: Konvertierer). Wir verwenden dafür ein Symbol mit zwei rotierenden Pfeilen: ◌[11]. Wenn das Agens im Passiv dann nicht mehr realisiert ist, zeigen wir dies mittels eines Symbols mit einem kreuzweise durchgestrichenen Kreis an – dem Tilger: ⊗[12]. Da wir nicht davon ausgehen, dass sich durch die Passivierung die Valenz des Verbs als lexikalischer Einheit ändert, notieren wir die Passiv-Konverse bei der Realisierung der Ergänzungen. In den Beispielen (3) und (5) etwa bleibt die E_{nom} durch die Konverse ausgespart und die E_{akk} wird formal zum Subjekt (= SUBJ) des Passivsatzes.

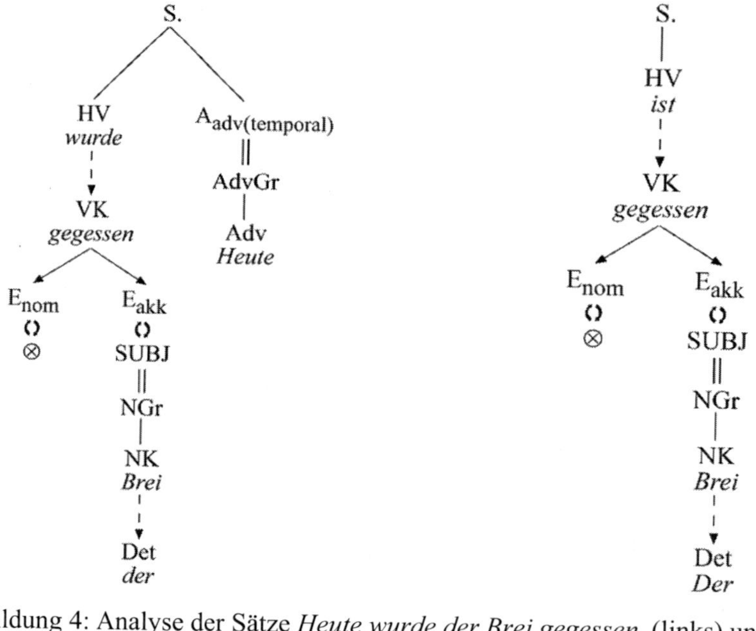

Abbildung 4: Analyse der Sätze *Heute wurde der Brei gegessen.* (links) und *Der Brei ist gegessen.* (rechts)

10 Für eine etwas andere Akzentsetzung zur Beschreibung der Leistung des Passivs (Stichwort: Perspektivierung) vgl. Welke ^{2}2005: 260-325.

11 Dieses Symbol ist in der Schriftart Webdings (Taste: „q“) zu finden.

12 Dieses Symbol ist in der Schriftart Symbol (Taste: „Ä“) zu finden.

Mit der Verwendung des Umwandlers (oder auch: Konvertierers) wird sowohl die Valenz des Verbs in der Analyse berücksichtigt, als auch der Umstand, dass das Passiv als Konverse des Aktivs die Frage der Realisierung von Ergänzungen betrifft. Zudem ist bei einem Vergleich der beiden Bäumchen sofort zu erkennen, dass sich Vorgangs- und Zustandspassiv im Wesentlichen durch die Verwendung unterschiedlicher Hilfsverben unterscheiden lassen: *werden* beim Vorgangspassiv (deshalb auch: *werden*-Passiv genannt) und *sein* beim Zustandspassiv (deshalb auch: *sein*-Passiv genannt). Beim Vorgangspassiv kann darüber hinaus auch das Patiens noch wegfallen (= unpersönliches Passiv).

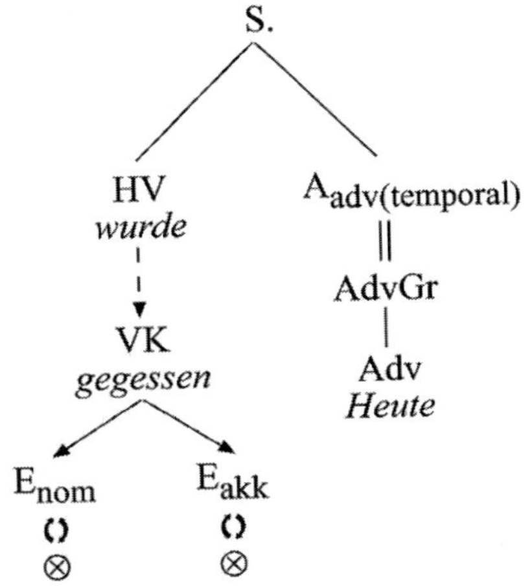

Abbildung 5: Analyse des Passivsatzes *Heute wurde gegessen.*

Aus der Visualisierung mit zweimaligem Einsatz von Umwandler und Tilger geht deutlich hervor, dass es sich um ein zweiwertiges Verb handelt, dessen Ergänzungen konstruktionsbedingt (nämlich durch Passivierung) ausgespart bleiben.

Eine theoretisch etwas schwierigere Frage ist, an welcher Stelle eine Agens-Realisierung in Passivsätzen einzutragen ist. Hier gibt es mindestens zwei Möglichkeiten, je nachdem, welchen Status man dieser Realisierung im Passivsatz zuweist. Entweder es handelt sich weiterhin um eine Ergänzung, dann kann man dies als ein Präpositionalobjekt (= PROBJ) auffassen. Oder um eine Angabe, dann kann man dies als Adverbial (= ADV) beschreiben. Dabei muss dann auf die Verwendung des Tilgers zugunsten von ADV verzichtet werden, denn das Agens ist ja realisiert, nur eben an einer anderen Stelle. Für den Beispielsatz (2) bedeutet dies: Wenn man *von dem Baby* im Passivsatz weiterhin als Ergänzung betrachtet, so kann dies (wie SUBJ bei E_{akk}) als PROBJ direkt unter der E_{nom} notiert werden (s. in der Abb. 6 rechts). Wenn man *von dem Baby* im Passivsatz aber als Angabe betrachtet, so kann es von der E_{nom} aus gewissermaßen losgeschickt werden und als ADV wieder dort landen, wo auch die sonstigen Adverbialangaben zu finden sind (s. in der Abb. 6 links).

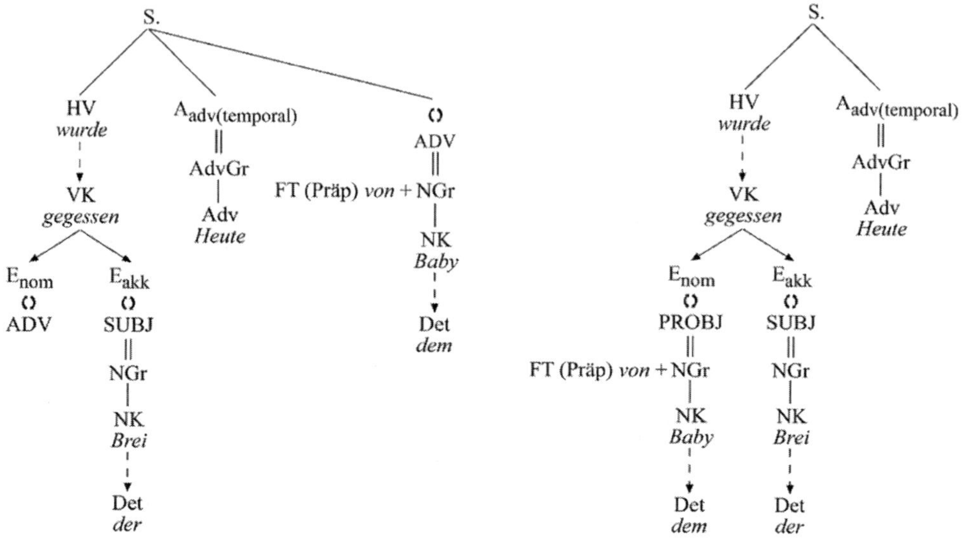

Abbildung 6: Analyse des Satzes *Heute wurde der Brei von dem Baby gegessen.* mit *von dem Baby* links als Adverbial und rechts als Präpositionalobjekt

Ohne hier für eine dieser beiden Positionen argumentieren zu wollen, kann festgehalten werden, dass es unter Verwendung des Umwandlers möglich wird, beide Sichtweisen jeweils in die Visualisierungen der Analysen einzubauen.

Ellipsen (Notation in eckigen Klammern „[…]“)

Bei der Annahme von Ellipsen besteht ein grundsätzliches Problem darin, dass Strukturen analysiert werden, die von dem gegebenen Analysesatz – streng genommen – abweichen. Durch Annahme von Ellipsen werden nicht vorhandene, aber für das Satz-Verstehen syntaktisch notwendige Einheiten rekonstruiert bzw. addiert. Es ist klar, dass es dabei in zweifacher Hinsicht einen gewissen Spielraum gibt. Zum einen betrifft das die Annahme, dass überhaupt in dem Satz irgendetwas nicht ausgedrückt ist, was aber für das syntaktische Verständnis notwendig ist. So würde man zwar einen Satz wie *Ich schon.* als elliptisch annehmen, aber interaktional verstehen wird man ihn wohl dennoch. Nur: Wenn der Satz so, wie er da steht, inhaltlich verstanden werden soll, funktioniert das nicht, weil man eben nicht weiß, worauf sich *Ich schon.* bezieht. Es fehlt der VK und möglicherweise noch eine oder zwei E dazu (*Ich mag keine Schokolade. – Ich schon.*) In solchen Fällen sehen wir die Notwendigkeit, die zu analysierende Einheit um die fehlenden, aber syntaktisch mitzuverstehenden Einheiten zu ergänzen. Zum anderen betrifft das den genauen Inhalt der rekonstruierten Einheiten. Hier kann keine generelle Lösung angeboten werden. In den Bäumchen werden dementsprechend in uns klar erscheinenden Fällen einzelne Wörter oder Proformen eingetragen, manchmal nur ein Verweis auf vorerwähnte Einheiten, manchmal aber auch nichts Konkretes, sondern nur eine Kategorie.

Operator-Skopus-Struktur

Es hat sich als notwendig erwiesen, das Repertoire unserer syntaktisch relevanten Struktureinheiten um eine Konstruktion zu erweitern, die eher in den Bereich gesprochensprachlicher Erscheinungen zu gehören scheint, jedenfalls wird sie dort als solche beschrieben: die Operator-Skopus-Struktur. „Operator-Skopus-Strukturen sind zweigliedrige sprachliche Einheiten, deren einer Bestandteil, der Operator, aus einem kurzen sprachlichen Ausdruck besteht und deren anderer Bestandteil, der Skopus, eine potenziell vollständige Äußerung darstellt." (Fiehler 2009: 1201) Operatoren können Einzellexeme sein, sie stehen i. d. R. vor dem Skopus (häufig im Vorvorfeld), sie geben eine Verstehensanleitung für den Skopus, sie werden im Text zusammen mit dem Skopus als eine Einheit wahrgenommen und sie sind selber unvollständig, während der Skopus selbständig ist. Die zweigliedrigen Operator-Skopus-Strukturen sind in dem zu analysierenden Text häufig mit einem Doppelpunkt zwischen dem Operator und dem Fokus anzutreffen (vgl. z. B. Satz 10).

Über die oben angeführten, immer wiederkehrenden Punkte hinaus werden bei den Analysen schwierige, strittige oder unklare Fälle jeweils im Kommentar nach der durch den Baumgraph realisierten Feinanalyse angesprochen. Wir haben diese Kommentare aber knapp gehalten. Letztlich auch deswegen, um das Buch textuell nicht zu überfrachten. In erster Linie geht es hier um die Bäumchen als Visualisierungen der Analyseergebnisse, mit denen wir sowohl Explikationen unseres syntaktischen Satz-Verstehens liefern als auch Impulse zur selbstständigen Beschäftigung mit syntaktischen Analysen aus der Würzburger Perspektive geben wollen.

1. Der Text

(Ü1) Unter leerem Himmel

(AZ) *Von Cornelius Pollmer, Leipzig*

(1) Nirgendwo auf der Welt bekennen sich so wenige Menschen zum Glauben wie in Ostdeutschland. **(2)** Was macht die Abwesenheit der Kirche mit einer Gesellschaft? **(3)** Heidnisch sind die Menschen in den neuen Bundesländern nicht und auch nicht weniger moralisch als ihre Mitbürger im Westen. **(4)** Eine Reise in ein gottloses Land, zu Zweifelnden, Suchenden und Gläubigen.

(5) Vor einigen Jahren wurden ein paar Jugendliche am Leipziger Hauptbahnhof aufgehalten. **(6)** Für eine Umfrage sollten sie sich zu ihrem Glauben bekennen: religiös – oder nicht? **(7)** Die Jugendlichen waren von der Frage irritiert. **(8)** Sie antworteten: „Weder noch, normal halt".

(9) Diese Antwort darf einen nun erst recht irritieren. **(10)** Frage: Wie weit hat sich ein Mensch vom Glauben entfernt, wenn er selbst die Abgrenzung davon als unnormal empfindet? **(11)** Antwort: so weit wie nirgendwo sonst. **(12)** Es gibt eine Studie der Universität Chicago, sie wurde im vergangenen Jahr veröffentlicht, und man kann sagen, dass der Osten Deutschlands seit den Olympischen Winterspielen von Sarajewo 1984 keinen Ländervergleich mehr so beeindrukkend angeführt hat.

(13) Nur ein Beispiel: Tabelle 5 dieser Untersuchung ordnet die Staaten nach dem Anteil „strenger Atheisten" in der Bevölkerung. **(14)** Auf dem letzten Platz liegen die Philippinen (0,1 Prozent), auf Rang 17 „Germany, West" (4,9 Prozent), die Tschechische Republik erreicht Platz zwei mit etwas mehr als 26 Prozent. **(15)** Auf Platz eins: „Germany, East", 46,1 Prozent. **(16)** Normal halt.

(17) Da ist es schon eine Meldung wert, dass ausgerechnet ein Ostdeutscher Benedikt XVI. zum Lächeln gebracht hat. **(18)** In knapp zwei Wochen wird Michael Triegel den gewesenen Papst in Leipzig auf die Rückbank seines Audi A6 setzen, und dann werden die beiden über den Brenner nach Rom zur deutschen Botschaft am Heiligen Stuhl fahren. **(19)** Triegel hat Benedikt schon einmal porträtiert, vor zweieinhalb Jahren, eine Auftragsarbeit für das Bistum Regensburg. **(20)** Der Papst wirkt darauf müde und etwas verloren. **(21)** Der zweite, der neue Benedikt aber lächelt. **(22)** Warum? **(23)** „Ich weiß es doch auch nicht", sagt Triegel.

(Ü2) Glaube als Gegenentwurf zum sozialistischen Paradies

(24) Michael Triegel ist ein Suchender, gerade sucht er zum Beispiel sein Handy. **(25)** Es muss hier irgendwo liegen, in seinem Atelier in der Leipziger Baumwollspinnerei. **(26)** Stärker aber beschäftigt Triegel die Suche nach dem Glauben, und das in gleich doppelter Hinsicht. **(27)** Zum einen hat ihn Religion schon als Jugendlicher angezogen, „weil ich weder in der Schule noch in der Familie und schon gar nicht in der Gesellschaft, wo die Bonzen oben waren, eine Autorität gefunden habe, die ich ernst nehmen konnte. **(28)** Eine, die nicht nur behauptet gewesen wäre, sondern intellektuell spannend."

(29) Der Glaube sei ihm ein Gegenentwurf gewesen zum angeblichen Paradies auf Erden, das ihm im Schulfach Staatsbürgerkunde nahegebracht werden sollte. **(30)** Zum anderen kann der Maler Michael Triegel, 44, ganz ordentlich von dieser Suche leben. **(31)** Er hat bislang vier Altäre gemalt. **(32)** Die Kirche ist ihm ein guter Auftraggeber.

(33) Über die Kunst ist Triegel in eine Art Halbdistanz zum Glauben geraten, „ein Psychiater würde das schizoide Selbstspaltung nennen", findet er: „diese Suche nach Nähe und die gleichzeitige Angst davor". **(34)** Triegel ist nicht getauft, aber das könne sich ja noch ändern. **(35)** Ein normaler Atheist ist er halt auch nicht mehr. **(36)** Auch weil er im Glauben die Möglichkeit vermutet, ein Geheimnis zu finden und „dem ewig Rationalen dieser Gesellschaft zu entkommen".

(37) Wahrscheinlich aber fehlt Michael Triegel die Naivität, um dieses Geheimnis zu entdecken. **(38)** Zu klar ist seine Trennung zwischen Glauben als Idee (wunderbar) – und dem tatsächlichen Vertrauen in, zum Beispiel, die Wiederauferstehung (nie im Leben – und auch nicht danach.) **(39)** Solange er diesen tatsächlichen Glauben nicht habe, sagt Triegel, „thematisiere ich weiter meine Zweifel und Sehnsüchte".

(40) Man kann beides ganz gut erkennen, wenn man seinen „Ostertraum" betrachtet, ein Bild, auf dem der Tod die Hauptrolle spielt: verschrumpelte, von Wurmlöchern zerstochene Äpfel, Tierschädel, der Heiland am Kreuz. **(41)** Nur im Hintergrund, leicht versteckt, ist der Auferstehende zu erkennen. **(42)** Als Kinderzeichnung.

(43) Zweifel hat Michael Triegel auch daran, dass es mit den Kirchen im Osten demnächst wieder aufwärts geht. **(44)** „Vieles, was früher durch Religion besetzt war, ist durch profane Surrogate besetzt." **(45)** Es seien „Leerstellen entstanden, die wir auf rührende Weise versuchen zu besetzen." **(46)** Will man daraus zumindest eine notdürftige Tugend für den Osten machen, dann die, dass das Schrumpfen der Volkskirchen hier auch eine Chance sein kann: „Was nicht mehr richtig da ist, das kann neu entdeckt werden."

(47) So richtig da waren die Kirchen das letzte Mal eigentlich im Herbst 1989. **(48)** Der Pfarrer der Dresdner Kreuzkirche hieß damals Christof Ziemer. **(49)** Er war Superintendent und ein führender Kopf der Friedensbewegung, was als stehender Begriff heute fast so klingt, als wäre es im Wendeherbst ein offizielles Amt gewesen.

(50) Der evangelische Theologe Ziemer hatte erlebt, wie der Osten nach dem Nationalsozialismus in der Zeit der DDR ein zweites Mal säkularisiert worden war. **(51)** Er hatte erlebt, wie „die natürliche Rückkehr eines religiösen Bedürfnisses" nach dem Krieg durch eine „Propagierung der Gottlosigkeit" unterdrückt worden war. **(52)** Und wie Menschen deswegen vom Glauben abgefallen waren, „um ihres Lebens, ihrer Bildung oder ihrer Familienplanung willen".

(53) Kurz nach dem Krieg hatten sich im Osten noch mehr als 80 Prozent zum evangelischen Glauben bekannt. **(54)** Knapp 20 Jahre später, bei der letzten Volkszählung, die nach der Konfession fragte, waren es 60 Prozent gewesen, seit Ende der Achtziger war es nur noch jeder Vierte. **(55)** Katholiken? **(56)** Inzwischen deutlich unter zehn Prozent.

(57) In der friedlichen Revolution fanden die Menschen ihren Weg zurück, „aber nicht, weil sie den Glauben gesucht haben, sondern weil die Kirchen der Ort waren, an dem die Zukunft der Gesellschaft verhandelt wurde“, sagt Ziemer. **(58)** Dass die Kirchen bei diesen Verhandlungen Wichtiges geleistet haben, ist unbestritten. **(59)** Die Frage ist nur, ob sie nicht auch die Gunst der historischen Stunde hätten nutzen sollen, um Akquise in eigener Sache zu betreiben. **(60)** „Dass da nicht missioniert wurde, ist ein Ruhmesblatt“, findet dagegen Ziemer. **(61)** Die Kirche habe da „etwas ganz Selbstloses getan. **(62)** Sie war, was sie immer sein wollte: eine Kirche für andere.“ **(63)** Vielleicht war das eine Art Pyrrhus-Niederlage, vordergründig ein Verlust, aber im höheren Sinn richtig.

(64) Der Verlust sah so aus: Zwar saßen nach der Einheit auch unter Ziemers Kanzel bald viele vormals treue Genossen, die im Glauben neuen Halt zu finden hofften. **(65)** Aber den meisten Menschen konnten die Kirchen in einer Phase tiefer Orientierungslosigkeit keine Orientierung geben. **(66)** Statt Identität zu stiften in einem Land, das gerade abgewickelt wurde, beschäftigten sie sich vor allem mit sich selbst. **(67)** Heute sieht Ziemer eine große Zahl Menschen, „denen Gott in seiner Fremdheit gleichgültig geworden ist“.

(Ü3) Religion braucht Emotionen

(68) Ein später Sieg für den Marxismus? **(69)** Die Glaubensferne habe sich in einer „eigenartigen Weise festgesetzt“, sagt Eberhard Tiefensee, „im Unterschied zu vielem anderen, das die DDR ‚geleistet‘ hat und das untergegangen ist“. **(70)** Tiefensee ist katholischer Priester und Professor für Philosophie an der Universität Erfurt. **(71)** Insofern schaut er auch über den Rand der beiden christlichen Kirchen hinaus – „wenn man Religionssoziologen fragt, dann ist da nicht viel. **(72)** Ostdeutsche gehen auch nicht zum Dalai Lama.“

(73) Ein Grund dafür sei die stark rationale Sicht auf alle Fragen der Transzendenz. **(74)** Wenn er Menschen fragt, warum sie nicht glauben, dann hört Tiefensee häufig: Na, das ist doch wissenschaftlich widerlegt, es gibt doch keinen Gott! **(75)** „Emotionalität, die in der Religion eine große Rolle spielt, gilt im Vergleich zum Verstand nichts“, sagt er. **(76)** Andererseits, das immerhin beruhige, folge dem Mangel an Gottesfurcht keine moralische Erosion. **(77)** „Da liegt Ostdeutschland auf dem Niveau Westeuropas.“ **(78)** Was aber auch nicht besonders hoch sei. **(79)** Speziell im Osten Deutschlands sei „der Milieudruck enorm hoch. **(80)** Konfessionslosigkeit vererbt sich viel stärker als Religiosität.“ **(81)** Wer hier als Christ Gehör finden will, braucht mehr Geduld als anderswo.

(82) Bei Antje Hermenau hat es fünf Jahre gedauert, dann traf sie eine Entscheidung und besuchte den Kurs „Religion für Neugierige“. **(83)** Hermenau ist 48 Jahre alt und steht den Grünen im Sächsischen Landtag vor. **(84)** Alle neun Abgeordneten der Fraktion sind getauft. **(85)** Hermenau trägt seit der Osternacht vor zwei Jahren ein kleines goldenes Kreuz um den Hals.

(86) Ihr Großvater war Leitender Offizier in der Wehrmacht, seine Bindung ans Geistliche legte er zugunsten der Karriere ab. **(87)** Als ihre Mutter vor ein paar Jahren dem Tod immer näherkam, sprach Hermenau viel mit ihr übers Glauben und Zweifeln und die Taufe. **(88)** Sie sprach auch mit gläubigen Christen in ihrem Bekanntenkreis, und sie stellte Fragen, zum Beispiel zur Ernsthaftigkeit des Gebets. **(89)** Zwar könne sie sich „über die Institution Kirche manchmal auch die Haare raufen, man bekommt sie ja als Mitgift dazu".

(90) Aber die Entscheidung, sich evangelisch taufen zu lassen, „fühlt sich immer noch richtig an". **(91)** Denn der Glaube könne vor Maßlosigkeit schützen, und „die Begrenzung der Maßlosigkeit ist für mich eine prägende Lebensfrage". **(92)** Zweifel sind geblieben, aber da habe ihr auch der Kurs in der Dresdner Frauenkirche geholfen. **(93)** Hermenau erinnert sich „an einen Abend, an dem mir klar wurde, dass man sowohl gläubig als auch Agnostiker sein kann. **(94)** Da hatte ich meinen Frieden gemacht."

(95) Natürlich ist das eine Ausnahme, viel häufiger hinterlässt der Milieudruck Dellen. **(96)** Da muss man nur mal zum Gottesdienst aufs Land fahren, wie nach Zwochau, Landkreis Nordsachsen, Palmsonntag, neun Uhr. **(97)** Die katholische Gemeinschaft der Fokolare hat dort vor vier Jahren Gottes- und Pfarrhaus vom Bistum Dresden übernommen. **(98)** Die Zentrale hatte den Ort aufgegeben. **(99)** „Die haben gesagt: Für zehn Leute können wir das nicht aufrechterhalten", sagt Pfarrer Paul Christian.

(100) Draußen schmirgelt ein scharfer Wind durch den zitterkalten Morgen, drinnen hört man das Heißluftgebläse. **(101)** Pfarrer Christian stimmt das vierte der sieben Worte Jesu am Kreuz an: „Mein Gott, mein Gott, warum hast Du mich verlassen?" **(102)** Bei den Vermeldungen später blickt er kurz auf: „Ministranten sind keine da? **(103)** Ja, dann muss ich da nichts vermelden."

(104) Christian ist 76 Jahre alt und eigentlich im Ruhestand. **(105)** Aber heute sitzen 30 Fokolare in der Bank, weshalb es lohnt, den Betrieb aufrecht zu erhalten. **(106)** Mehr noch, der Pfarrer glaubt: „Es ist meine Grundüberzeugung, dass Gott in dieser Krise etwas Neues schafft", sagt er.

(107) Auch wenn er da noch keine Zeichen vernommen hat. **(108)** Als man ihn nach der Messe fragt, ob es bei 30 Leuten im Gottesdienst nicht langsam Zeit sei für den Aufbruch, verweist er auf seinen Kollegen in der evangelischen Kirche im Ort: „Wenn der heute zehne hat, ist er froh."

(109) Die bloße Mission jedenfalls werde der Kirche nicht helfen, sagt Paul Christian. **(110)** „Auch das ist meine Grunderfahrung: Du kannst niemandem den Glauben geben, er muss erfahren werden." **(111)** Pfarrer Christian darf man das glauben. **(112)** Seine Nichte arbeitet seit einigen Jahren bei ihm im Pfarrhaus als Haushälterin. **(113)** Sie ist noch immer: strenge Atheistin.

Quelle: Süddeutsche Zeitung vom 30.03.2013/sst (online: 31. März 2013 17:02 „Glauben in Ostdeutschland")
URL: http://www.sueddeutsche.de/panorama/glauben-in-ostdeutschland-unter-leerem-himmel-1.1636577
Die Verfasser danken der SZ bzw. dem Dokumentations- und Informationszentrum (DIZ) München GmbH, Content Vermarktung, für die erteilte Genehmigung, diesen Text in seiner ganzen Länge zu Analysezwecken verwenden und hierzu sowohl elektronisch als auch in der Buchversion veröffentlichen zu dürfen.

2. Analyse der Sätze

2.1 Satz 1

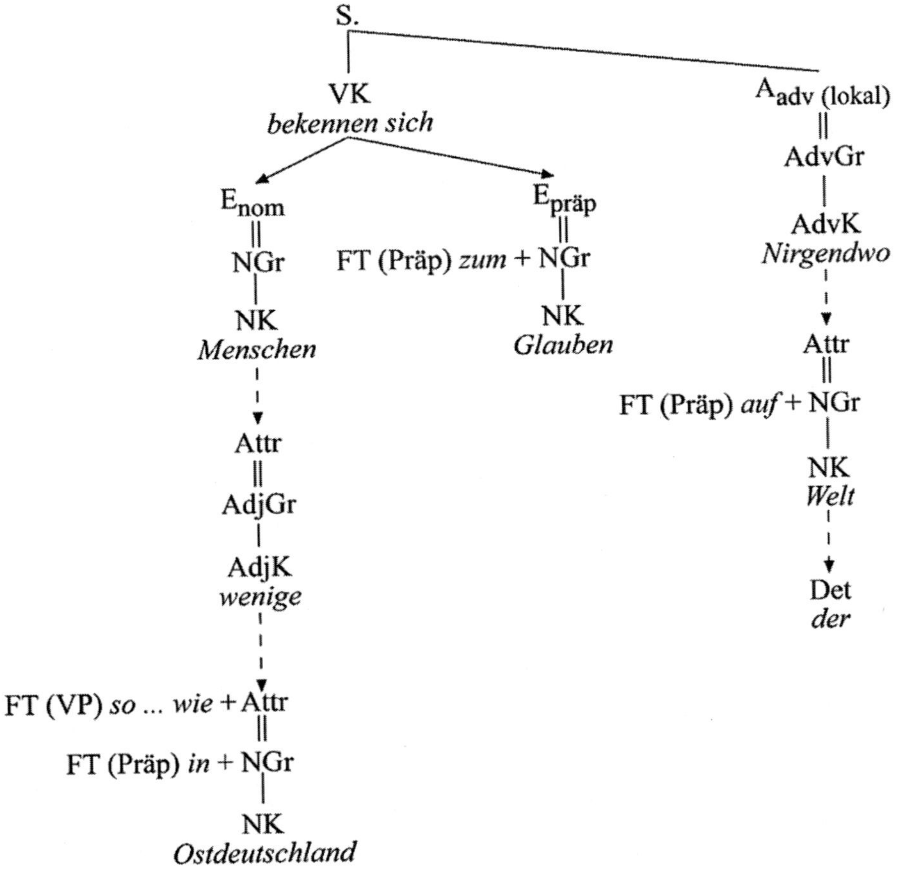

Abbildung 7: *Nirgendwo auf der Welt bekennen sich so wenige Menschen zum Glauben wie in Ostdeutschland.* (Satz 1)

Kommentare

***so** wenige Menschen **wie** in Ostdeutschland*

so … wie = komplexes Fügteil, das ein Vergleichsattribut anschließt, hier das Attribut *in Ostdeutschland.*[1]

bekennen sich

Unmotiviert reflexives Verb, deshalb wird *sich* als Teil des verbalen Kerns dargestellt.

---

1 Zu den dortigen Beispielsätzen 7c: *Paul ist so alt wie Emil.*, 7d: *Paul ist so alt, wie er aussieht.* und 7e: *Paul ist so alt, dass er schon krabbeln kann.* schreibt Eisenberg: „**So** ist wieder obligatorisch. Ob es in 7c-e Korrelat ist, lassen wir offen. Mindestens so naheliegend wäre, von zusammengesetzten Konjunktionen **so wie** und **so dass** zu sprechen." (Eisenberg 2006: 391)

Nirgendwo auf der Welt

Dieses Satzglied ist eine Angabe, da es nicht von der Valenz des verbalen Kerns *sich bekennen* ('jmd. bekennt sich zu etw.') abhängig ist. Aufgrund des Kontexts ist diese Angabe allerdings kaum weglassbar.[2]

2.2 Satz 2

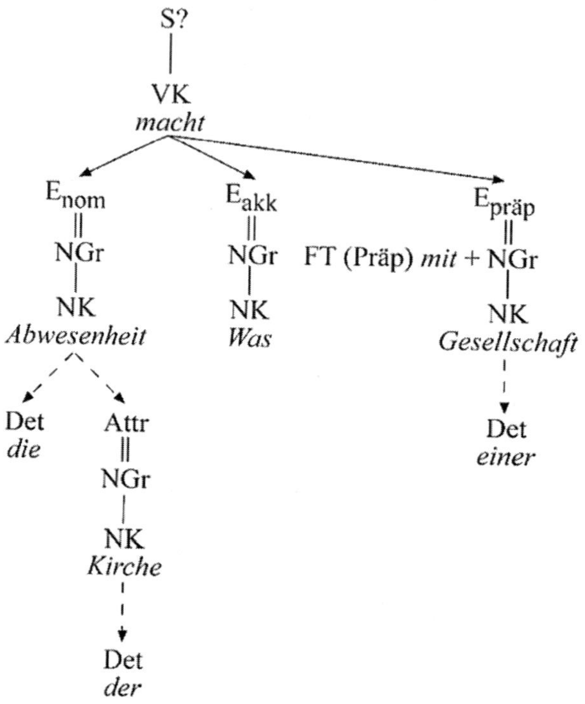

Abbildung 8: *Was macht die Abwesenheit der Kirche mit einer Gesellschaft?* (Satz 2)

Kommentare

machen

Das Verb *machen* wird in dieser Bedeutung ('(an)tun', 'verändern') als 3-wertig betrachtet. Diese Bedeutung kommt v. a. in Fragesätzen vor: 'Was macht jmd./etw. mit/aus jmdm./etw.?' In Aussagesätzen liegt dagegen eher die Bedeutung 'ausführen, durchführen, erledigen' vor: *Otto macht eine Reise mit Willi*, wobei *mit Willi* hier eine Angabe ist und dieses *machen* zweiwertig.

2 „Als Folge von Verwendungsbedingungen können Ergänzungen, wie auch Angaben, ‚notwendig' oder ‚weglassbar' sein." (Schumacher 2004: 27)

2.3 Satz 3

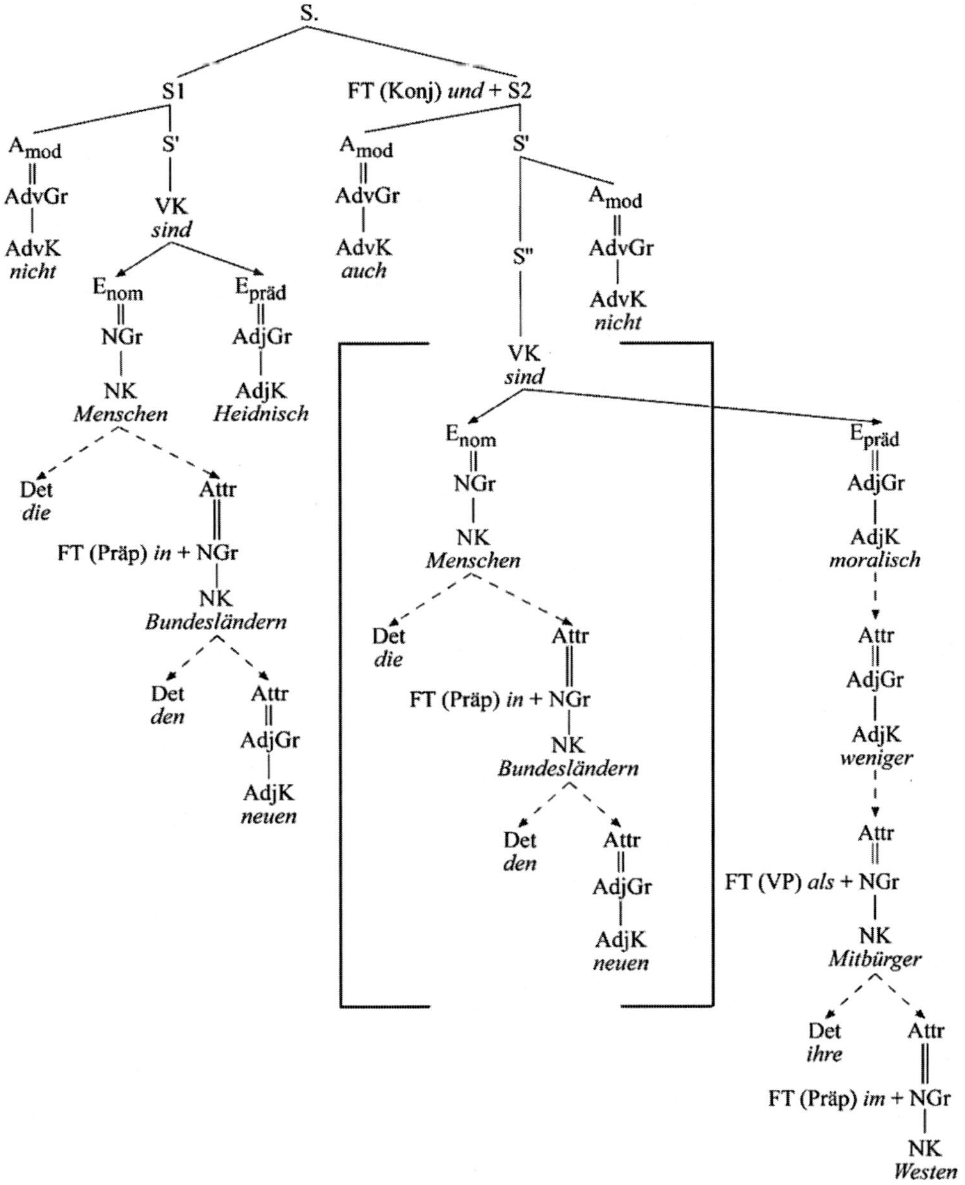

Abbildung 9: *Heidnisch sind die Menschen in den neuen Bundesländern nicht und auch nicht weniger moralisch als ihre Mitbürger im Westen.* (Satz 3)

Kommentare

Zur Annahme einer Ellipse: s. Vorbemerkungen.

auch nicht

Auch hat hier die Bedeutung 'außerdem' oder 'ebenfalls' und ist erststellenfähig (*Auch sind sie nicht weniger moralisch als ihre Mitbürger im Westen.*). Es ist hier mithin ein Konjunktionaladverb (nicht Fokuspartikel o. a.) und damit eine Modalitätsangabe. *Nicht* negiert den ganzen Satz und ist damit ebenso eine Modalitätsangabe. Die Umformulierung *Es ist auch der Fall, dass es nicht der Fall ist, dass ihre Mitbürger weniger moralisch sind.* rechtfertigt die im Baumgraph gewählte Hierarchie der beiden Modalitätsangaben.

weniger moralisch als

Im Gegensatz zu *so … wie* (s. Satz 1) betrachten wir *weniger … als* nicht als eine komplexe Vergleichspartikel, da von *weniger* noch ein Intensivierer abhängig sein kann (*sie sind sehr viel weniger moralisch als …*), wir sehen *weniger* deshalb als adjektivischen Kern an.

2.4 Satz 4

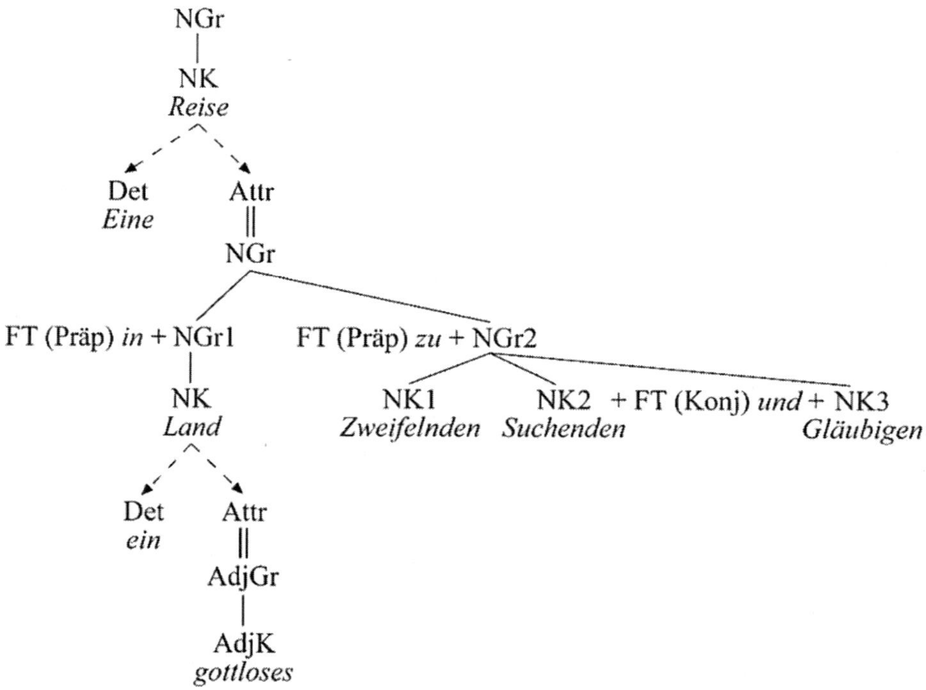

Abbildung 10: *Eine Reise in ein gottloses Land, zu Zweifelnden, Suchenden und Gläubigen.* (Satz 4)

Kommentare

Eine Reise in ein gottloses Land … Gläubigen.

Ohne verbalen Kern liegt auch kein Satz vor, sondern lediglich eine Nominalgruppe. Bei einer Ellipse müsste aus dem Kontext hervorgehen, wie die weggelassenen Satzbestandteile lauten. Dies ist an dieser Stelle nicht eindeutig.

in ein gottloses Land, zu Zweifelnden und Gläubigen

Das Problem an dieser Stelle lautet: Wie viele Attribute sind von dem nominalen Kern *Reise* abhängig? Aus folgenden Gründen haben wir uns entschieden, nur ein Attribut anzusetzen: Das Substantiv *Reise* kommt von dem Verb *reisen* und es ist anzunehmen, dass es die Valenzstellen des Verbs sozusagen übernimmt. Somit eröffnet *Reise* eine Leerstelle für denjenigen, der die Reise unternimmt, und eine Leerstelle für das Ziel der Reise, dass je nach Bedeutung mit unterschiedlicher Präposition angeschlossen wird: *Ottos Reise auf die einsame Insel/in den hohen Norden/zu seinen Freunden. In ein gottloses Land, zu Zweifelnden und Gläubigen* ist somit ein Attribut, das aus mehreren Nominalgruppen besteht. Dafür spricht auch die Interpunktion. Das Komma zwischen *Land* und *zu* zeigt eine Aufzählung an.

2.5 Satz 5

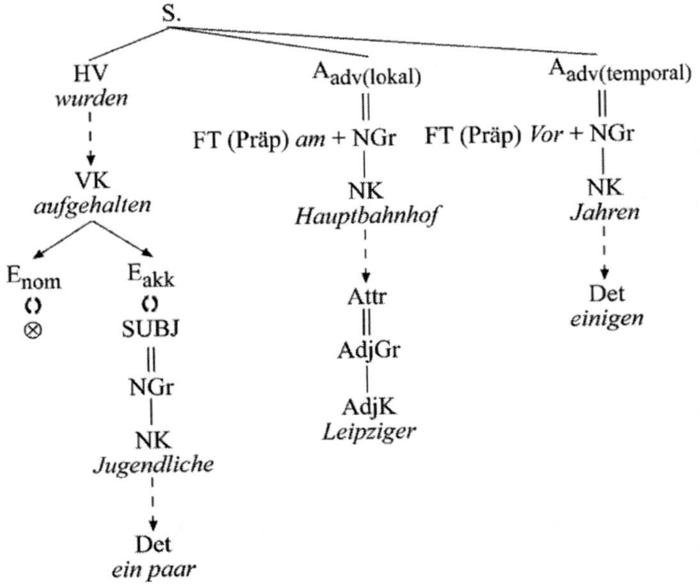

Abbildung 11: *Vor einigen Jahren wurden ein paar Jugendliche am Leipziger Hauptbahnhof aufgehalten.* (Satz 5)

Kommentare

wurden aufgehalten

Vorgangspassiv (s. die allgemeinen Erklärungen zum Passiv in den Vorbemerkungen).

ein paar

Ein paar ist eine feste Verbindung.[3]

Leipziger

---

3 „Die festen Verbindungen *ein bisschen, ein wenig* und *ein paar* können als Artikelwörter und pronominal gebraucht werden.“ (Gallmann 2009: 313)

Obwohl *Leipziger* großgeschrieben wird, unflektierbar ist und nur attributiv gebraucht werden kann, ist es ein Adjektiv.[4]

2.6 Satz 6

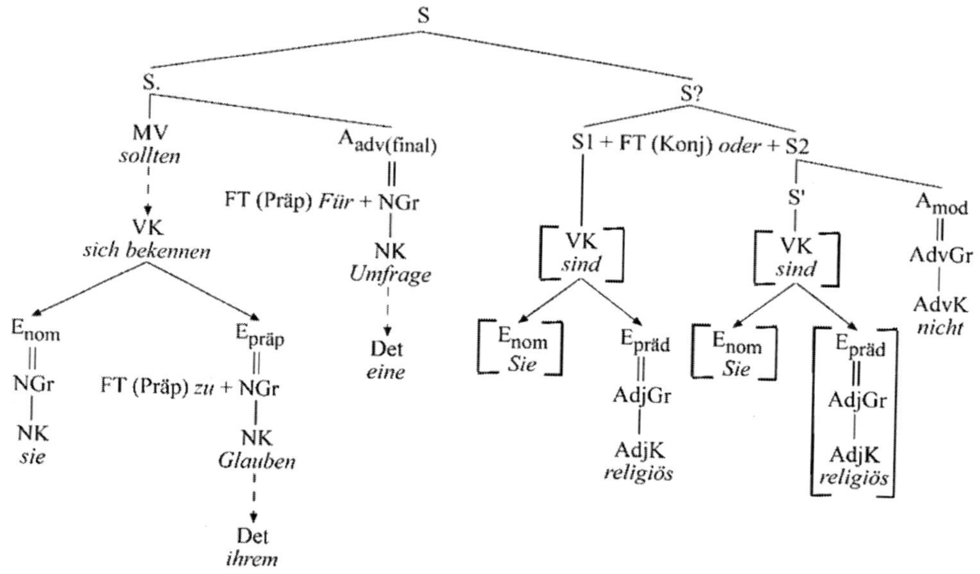

Abbildung 12: *Für eine Umfrage sollten sie sich zu ihrem Glauben bekennen: religiös – oder nicht?* (Satz 6)

Kommentare

zur Funktion des Doppelpunkts

Wir betrachten den Doppelpunkt als Verbindung zwischen dem Aussagesatz *Für eine Umfrage … bekennen* und der elliptischen Frage *religiös oder nicht.* Aussagesatz und Fragesatz bilden zusammen eine Satzreihe. Dies ist auch darin begründet, dass die Frage nicht nur den Inhalt der Umfrage wiedergibt, sondern die Aussage des vorgehenden Satzes erläutert: Man bekennt sich zum Glauben, indem man sich als religiös bezeichnet. Alternativ könnte der Fragesatz auch als Attribut zum nominalen Kern *Umfrage* aufgefasst werden: *eine Umfrage, ob religiös oder nicht.*[5]

bekennen sich

Unmotiviert reflexives Verb, deshalb wird *sich* als Teil des verbalen Kerns dargestellt.

---

4 „Detoponymische substantivische Bewohnerbezeichnungen auf *-er* […] werden nahezu regelmäßig zu Adjektiven konvertiert.“ (Fleischer/Barz 2012: 319; vgl. Roolfs 2011: 296-300 und Fuhrhop 2003)

5 Das Interpunktionszeichen Doppelpunkt „signalisiert, dass etwas folgt. Er schafft ohne Konnektoren eine enge sinngemäße Verbindung zwischen einzelnen Sätzen oder Satzteilen, die inhaltlich z.B. einer Schlussfolgerung entsprechen kann.“ (Fritz 2009: 1064)

2.7 Satz 7

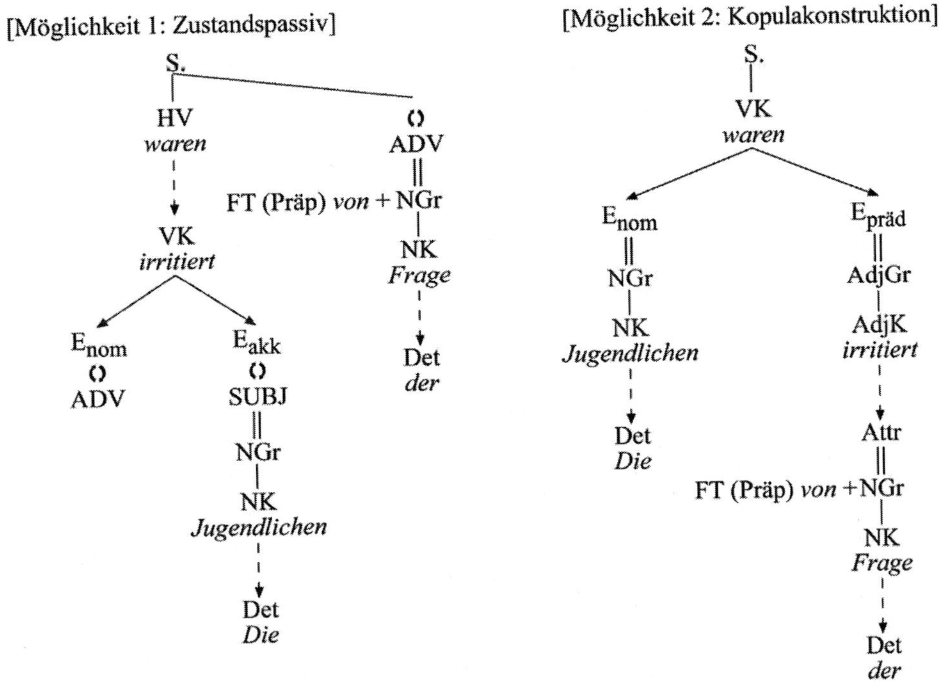

Abbildung 13: *Die Jugendlichen waren von der Frage irritiert.* (Satz 7)

Kommentare

waren ... irritiert

Diese Stelle ist entweder als Zustandspassiv (Möglichkeit 1) oder als Kopulakonstruktion (Möglichkeit 2) anzusehen (s. auch die allgemeinen Erklärungen zum Passiv in den Vorbemerkungen).

Pro Zustandspassiv: Agens als Präpositionalphrase *von der Frage* realisiert.

Pro Kopulakonstruktion: *irritiert* zeigt adjektivische Eigenschaften, so ist es z. B. komparierbar (*Die Jugendlichen waren von der Frage irritierter als die Erwachsenen.*).

2.8 Satz 8

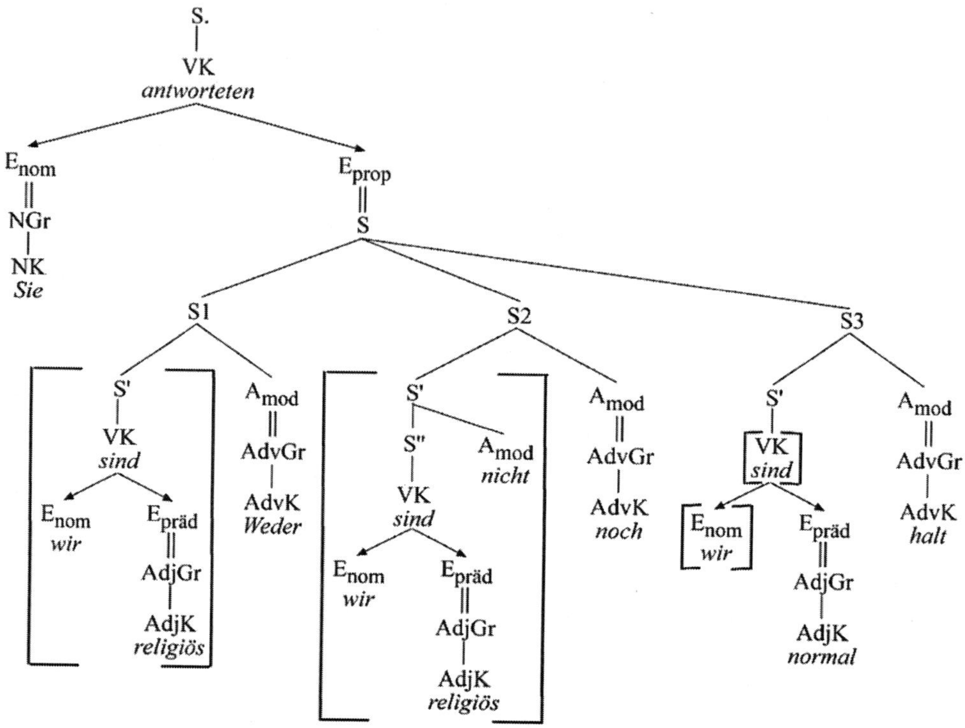

Abbildung 14: *Sie antworteten: „Weder noch, normal halt“.* (Satz 8)

Kommentare

Ellipsen

Stark elliptischer Satz (zu Ellipsen s. Vorbemerkungen). Aus dem Kontext (s. Satz 6) ergänzen wir ihn zu: *Weder [sind wir religiös,] noch [sind wir nicht religiös], [wir sind] halt normal.*

weder … noch

Weder … noch wird als mehrteilige Konjunktion bezeichnet, wenn *weder* und *noch* nicht erststellenfähig sind. Da *weder* und *noch* hier im Vorfeld stehen, handelt es sich jeweils um Adverbien, die hier die syntaktische Funktion einer Modalitätsangabe übernehmen.[6]

---

6 Vgl. Nübling 2009: 622.

2.9 Satz 9

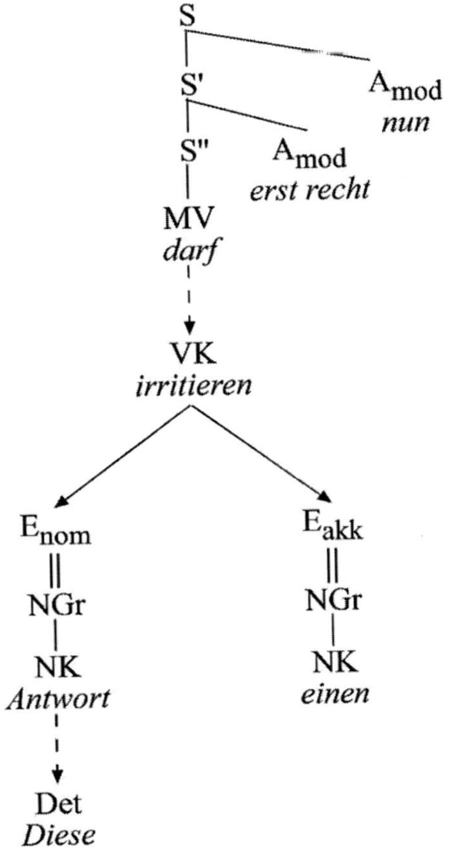

Abbildung 15: *Diese Antwort darf einen nun erst recht irritieren.* (Satz 9)

Kommentare

nun

Nun gibt es als (betonbares) Adverb mit temporaler Bedeutung (‘jetzt, mittlerweile, heutzutage’) und als unbetonte Partikel, die „einen Gegensatz zwischen Erwartung u. eingetretener Wirklichkeit“ (DUW, s. v. *nun*) bezeichnet. In diesem Satz liegt *nun* als Partikel vor, die – da sie den Textfluss strukturiert – die syntaktische Funktion einer Modalitätsangabe erfüllt.

erst recht

Erst recht sehen wir als eine komplexe Partikel an, da deren Teile nicht voneinander trennbar sind: **Die Antwort darf einen nun recht irritieren.* oder **Die Antwort darf einen nun erst irritieren.* Wegen der Bedeutung ‘wirklich’, die Modalität in Bezug auf die Gewissheit einer Aussage ausdrückt, handelt es sich um eine Modalitätsangabe.

2.10 Satz 10

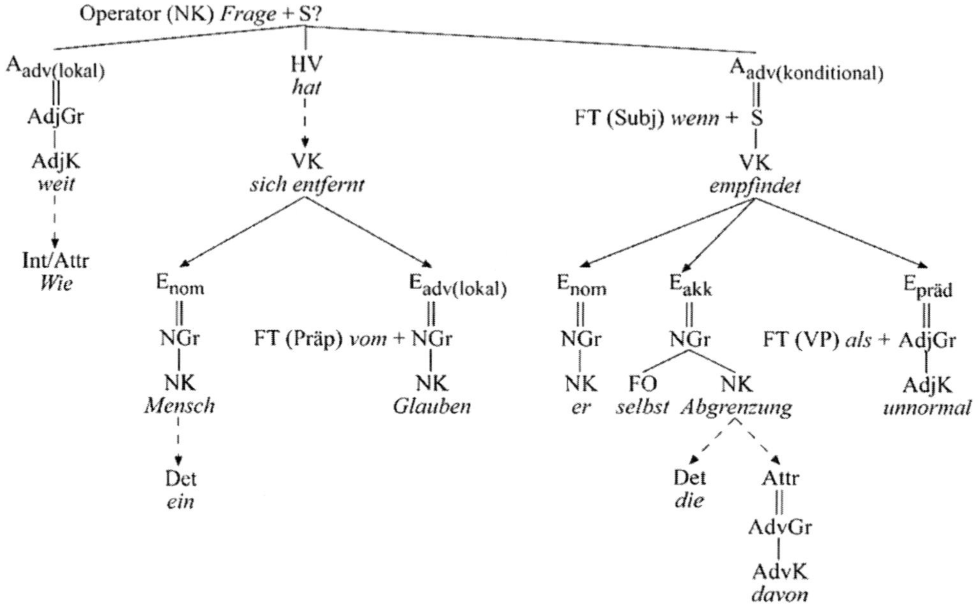

Abbildung 16: *Frage: Wie weit hat sich ein Mensch vom Glauben entfernt, wenn er selbst die Abgrenzung davon als unnormal empfindet?* (Satz 10)

Kommentare

Frage

Wir verstehen *Frage* als Operator in einer Operator-Skopus-Struktur. Der Skopus ist der Fragesatz *Wie weit … empfindet?* Der Operator steht im Vorvorfeld des Skopus und übernimmt somit keine syntaktische Funktion im Fragesatz. Deshalb die Schreibweise im Baumgraph: Operator (NK) *Frage* + S?

wie weit

Wie erfragt entweder einen Intensivierer (*Der Mensch hat sich sehr weit vom Glauben entfernt*) oder ein Attribut (*Der Mensch hat sich 10 Meilen weit vom Glauben entfernt*). Deswegen stehen im Baumgraph beide Varianten.

sich entfernen

Unmotiviert reflexives Verb, deshalb wird *sich* als Teil des verbalen Kerns dargestellt.

2.11 Satz 11

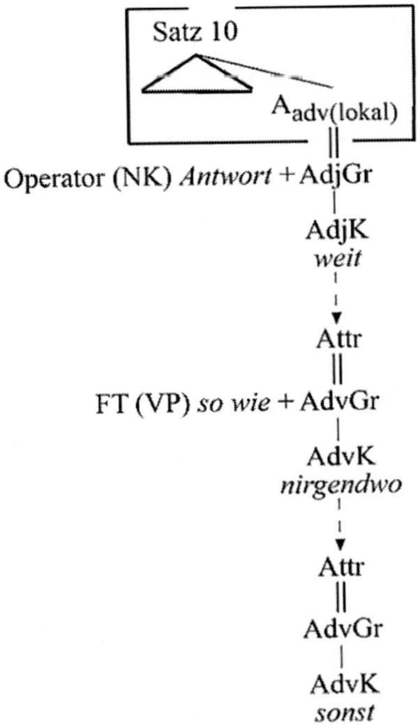

Abbildung 17: *Antwort: so weit wie nirgendwo sonst.* (Satz 11)

Kommentare

Ellipse

Die mit dem Operator *Antwort:* gefügte Einheit *so weit wie nirgendwo sonst* ist die Antwort auf die Frage in Satz 10. Wenn man sie als dort *Wie weit* ersetzend versteht, kann der Satz 10 als Verstehensfolie vorausgesetzt werden. Innerhalb dieses elliptisch mitzuverstehenden Satzes übernimmt diese dann Einheit die Funktion einer Adverbialangabe.

so … wie

S. Kommentar zu Satz 1.

2.12 Satz 12

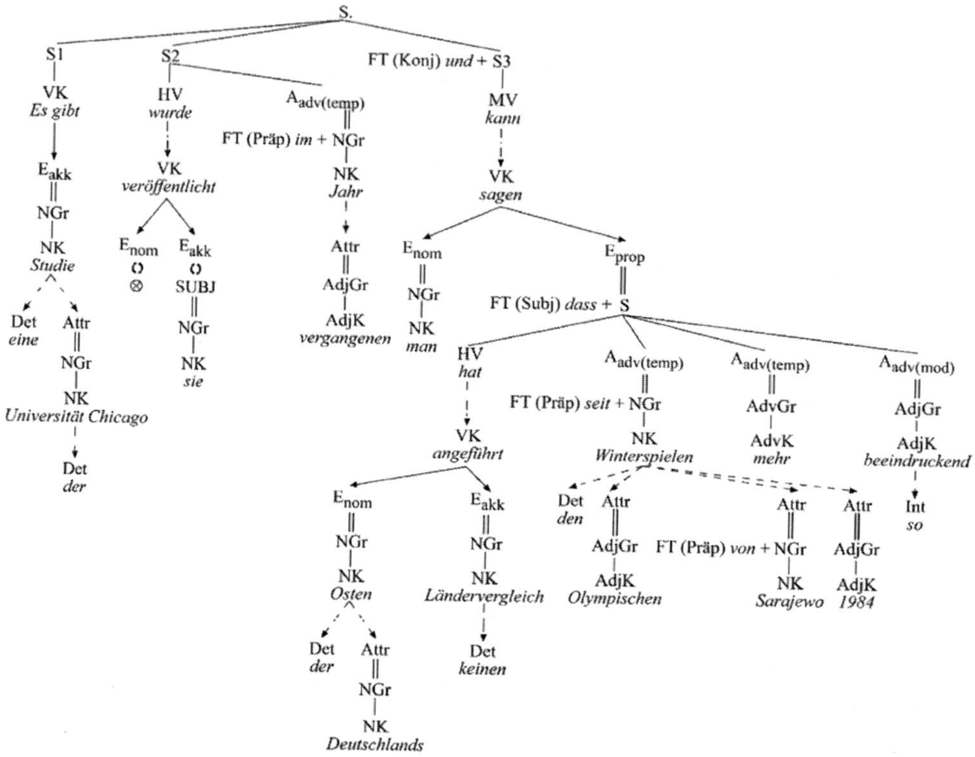

Abbildung 18: *Es gibt eine Studie der Universität Chicago, sie wurde im vergangenen Jahr veröffentlicht, und man kann sagen, dass der Osten Deutschlands seit den Olympischen Winterspielen von Sarajewo 1984 keinen Ländervergleich mehr so beeindruckend angeführt hat.* (Satz 12)

Kommentare

es gibt

Es ist Scheinsubjekt des einwertigen Verbs und wird deshalb als Teil des verbalen Kerns dargestellt.

Universität Chicago

Hier liegt ein komplexer Phrasenkern vor. *Chicago* ist eine sog. determinative Apposition zum Hauptkern *Universität.*[7]

---

7 Vgl. zu appositiven Nebenkernen: „Ein appositiver Nebenkern ist ein Substantiv, das so eng zu seinem Bezugssubstantiv gehört, dass beide zusammen einen komplexen Phrasenkern bilden. […] Appositive Nebenkerne sind also keine Phrasen." (Gallmann 2009: 987) Und zu determinativen Appositionen: „Auf ein beliebiges Substantiv kann ein zweites folgen, welches das erste Substantiv näher bestimmt (determiniert). […] Man kann darin eine Verkürzung umfangreicherer Attribute sehen, die Komprimierung eines komplexen sprachlichen Ausdrucks." (Gallmann 2009: 987)

wurde veröffentlicht

Vorgangspassiv (s. die allgemeinen Erklärungen zum Passiv in den Vorbemerkungen).

1984

1984 fassen wir als Attribut zu *Olympische Winterspiele* auf: *die Olympischen Winterspiele, die 1984 ausgetragen wurden.* Alternativ könnte man argumentieren, dass der mehrteilige Name *Olympische Winterspiele* erst mit der Nennung der Jahreszahl eindeutig wird und deshalb *1984* zum komplexen Phrasenkern gehört.

2.13 Satz 13

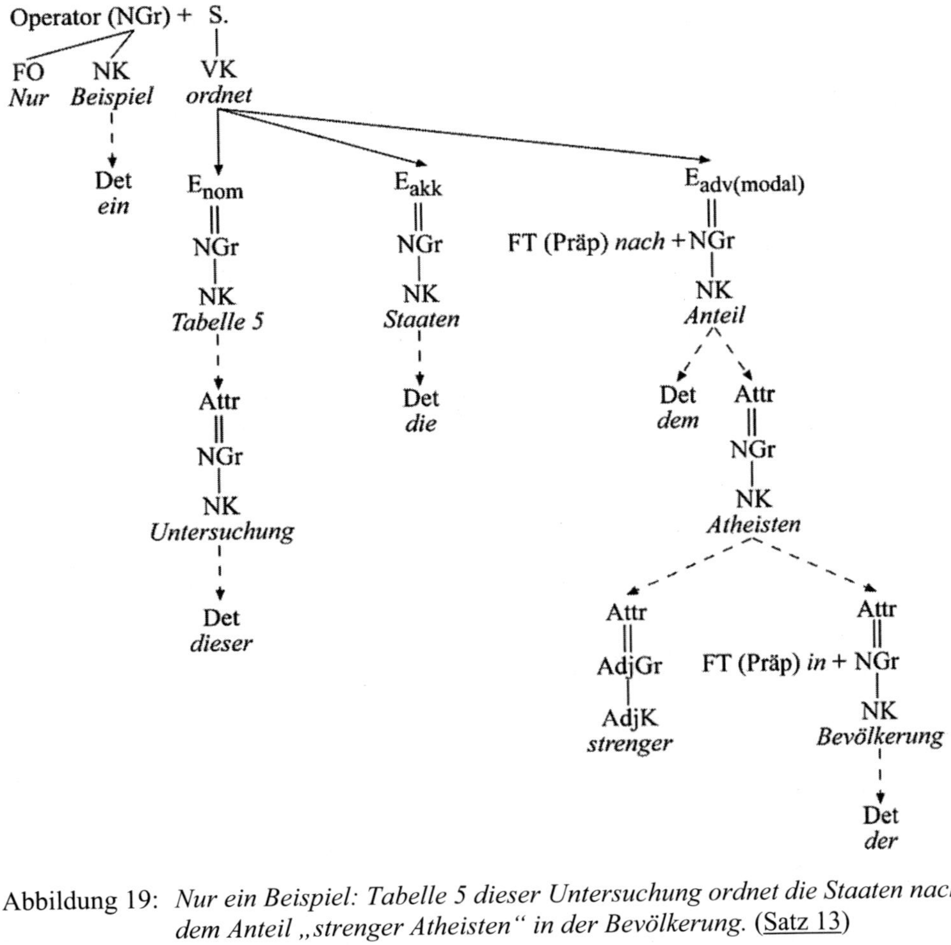

Abbildung 19: *Nur ein Beispiel: Tabelle 5 dieser Untersuchung ordnet die Staaten nach dem Anteil „strenger Atheisten" in der Bevölkerung.* (Satz 13)

Kommentare

Nur ein Beispiel

Diese Nominalgruppe ist ein Operator zum Skopus *Tabelle 5 … Bevölkerung.* Die Darstellung des Operators erfolgt analog zu Satz 10.

Tabelle 5

Tabelle 5 fassen wir als komplexen Phrasenkern auf. Hauptkern ist *Tabelle*, der appositive Nebenkern lautet *5*, er determiniert den Hauptkern. Da *5* jedoch kein Substantiv ist, liegt hier keine prototypische Apposition vor.[8]

2.14 Satz 14

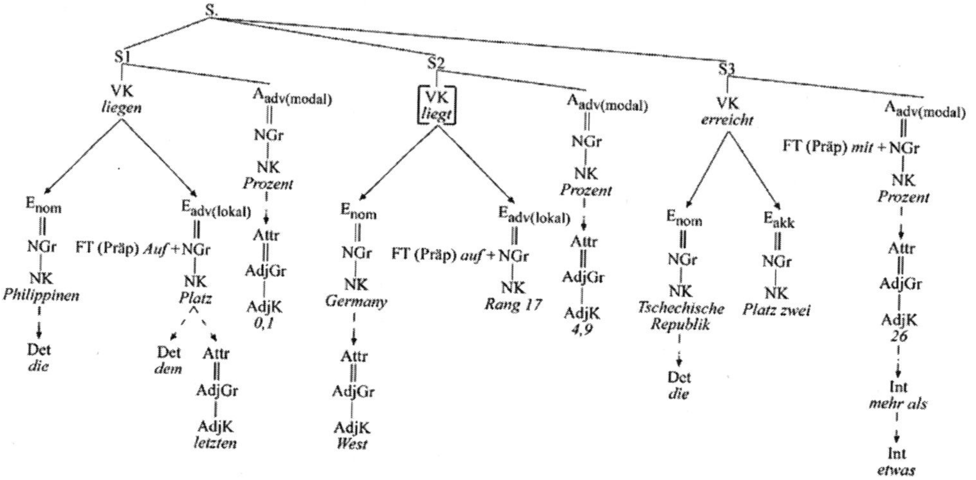

Abbildung 20: *Auf dem letzten Platz liegen die Philippinen (0,1 Prozent), auf Rang 17 „Germany, West" (4,9 Prozent), die Tschechische Republik erreicht Platz zwei mit etwas mehr als 26 Prozent.* (Satz 14)

Kommentare

Rang 17 und *Platz zwei*

Jeweils komplexer Phrasenkern. Hauptkern *Rang* bzw. *Platz*, appositiver Nebenkern *17* bzw. *zwei*. S. Fußnote zu Satz 13.

Tschechische Republik

Tschechische Republik ist ein mehrteiliger Name, es liegt ein komplexer Phrasenkern vor.

mit etwas mehr als 26 Prozent

Die Partikel *als* drückt hier keinen Vergleich zwischen einer Vergleichs- und einer Bezugsgröße aus. (Anders z. B. in dem Satz *Otto hat mehr Geld als Willi*: Hier ist *Otto* die Bezugsgröße und *Willi* die Vergleichsgröße, die mit der Vergleichspartikel *als* gefügt wird.) Vielmehr drückt die Kombination von *mehr* und *als* zusammen einen gesteigerten Grad des Zahladjektivs *26* aus (wie z. B. auch *mit etwas über 26 Prozent*). *Mehr als* ist in diesem Fall also ein komplexer Intensivierer zum adjektivischen Kern *26*.[9] *Etwas* gibt den kleinen Grad der „Überschreitung", der durch *mehr als* ausgedrückt wird, an. Somit ist *etwas* eine Gradpartikel in der syntaktischen Funktion eines

---

8 „Es gibt [den determinativen Appositionen; d. Verf.] ähnliche Konstruktionen auch mit Adjektiven: *Forelle blau, ein Whisky pur, auf Platz drei, der Krieg 1870/71.*" (Gallmann 2009: 987)

9 Vgl. zu *mehr* als Gradpartikel: „Ich war mehr tot als lebendig." (Gallmann 2009: 373)

Intensivierers. Alternativ könnte man *mehr* auch als unbestimmtes Zahladjektiv ansehen und *als* als Vergleichspartikel, wenn man einen elliptischen Vergleich annimmt, bei dem der nominale Kern *Prozent* nur einmal erwähnt wird: *mit etwas mehr [Prozent] als 26 Prozent*. Problematisch ist bei dieser Annahme, dass die nicht-elliptische Formulierung sehr unbeholfen und ungebräuchlich klingt. Syntaktisch betrachtet hatte man damit einen elliptischen nominalen Kern *Prozent*, von dem das Attribut *etwas mehr* und das Vergleichsattribut *als 26 Prozent* in einem Dependenzverhältnis abhängen. Das Attribut *etwas mehr* besteht aus dem adjektivischen Kern *mehr*, von dem in einem Dependenzverhältnis der Intensivierer *etwas* abhängt. Das Vergleichsattribut ist realisiert als Vergleichspartikel *als* (= Fügteil) und einer Nominalgruppe, die aus dem nominalen Kern *Prozent* besteht, von dem in einem Dependenzverhältnis das adjektivische Attribut *26* abhängt.

2.15 Satz 15

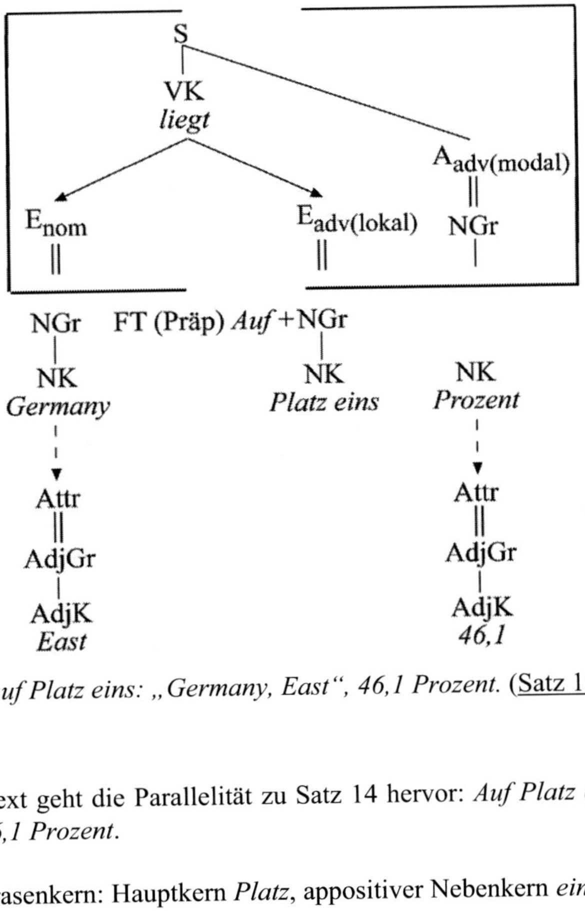

Abbildung 21: *Auf Platz eins: „Germany, East", 46,1 Prozent.* (Satz 15)

Kommentare

Ellipse

Aus dem Kontext geht die Parallelität zu Satz 14 hervor: *Auf Platz eins [liegt] „Germany East", 46,1 Prozent.*

Platz eins

Komplexer Phrasenkern: Hauptkern *Platz*, appositiver Nebenkern *eins*. S. auch Satz 14 und Satz 13.

2.16 Satz 16

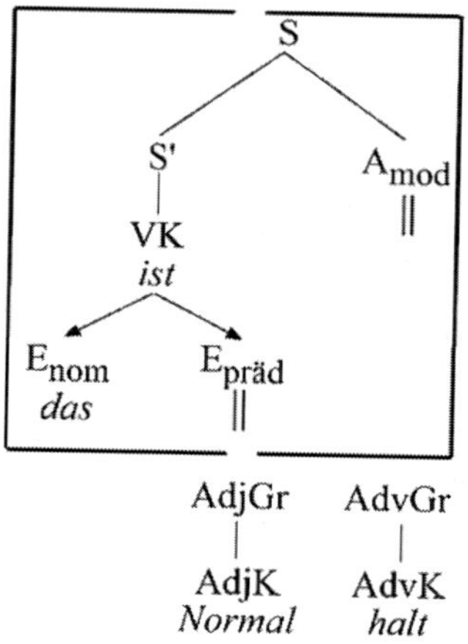

Abbildung 22: *Normal halt.* (Satz 16)

Kommentare

Ellipse

Normal halt ist identisch mit dem letzten Teil von Satz 8.

2.17 Satz 17

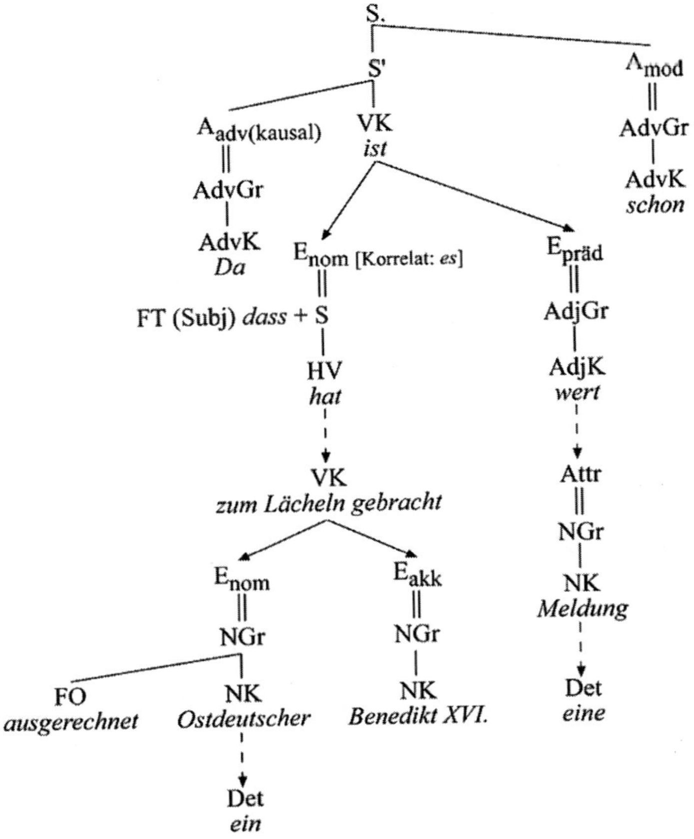

Abbildung 23: *Da ist es schon eine Meldung wert, dass ausgerechnet ein Ostdeutscher Benedikt XVI. zum Lächeln gebracht hat.* (Satz 17)

Kommentare

Da

Die Semantik des situierenden *Da* anzugeben, ist prinzipiell schwierig. Es gibt Fälle, in denen *da* klar lokal (s. Satz 71 und vielleicht auch Satz 77) oder klar temporal (s. Satz 94) ist. Häufig aber ist die Semantik nicht klar festlegbar. Infrage kommen etwa kausal oder final (im Sinne der Bedeutung von *dazu* wie in Satz 96) oder allgemein situierend (im Sinne der Bedeutung von z. B. *dahingehend, dabei* oder auch *in diesem Zusammenhang* o. ä.). Wegen dieser Schwierigkeit belassen wir es in diesen Fällen bei der Einschätzung als lokale Adverbialangabe, wobei lokale Angaben metaphorisch und metonymisch ja ohnehin sehr flexibel sind.

es

Als Korrelat stützt *es* den Nebensatz *dass … hat.*

wert

Wir fassen *wert* als ein Adjektiv, das mindestens eine Leerstelle eröffnet, auf (vgl. Sommerfeldt/Schreiber 1977: 429). Wird die Leerstelle durch eine Nominalgruppe gefüllt, so steht diese im Genitiv oder im Akkusativ. Somit stellen wir *eine Meldung* als ein Attribut zum adjektivischen Kern *wert* dar. Alternativ könnte man *einer Sache/eine Sache wert sein* auch als idiomatische Wendung betrachten (vgl. DUW s. v. *wert*). Dann bildet *wert sein* den 2-wertigen verbalen Kern, der in einem Valenzverhältnis die Nominativergänzung *dass … hat* und die Akkusativergänzung *eine Meldung* regiert.

zum Lächeln bringen

Hier liegt ein Funktionsverbgefüge in der Bedeutung 'lächeln lassen' vor, das als Gefüge den verbalen Kern bildet.

Benedikt XVI.

Hier kommt zu dem Eigennamen *Benedikt* noch ein Beiname mit Artikel (*XVI.* ist zu sprechen als *der Sechzehnte*). Eigenname und Beiname bilden einen komplexen Phrasenkern.[10]

2.18 Satz 18

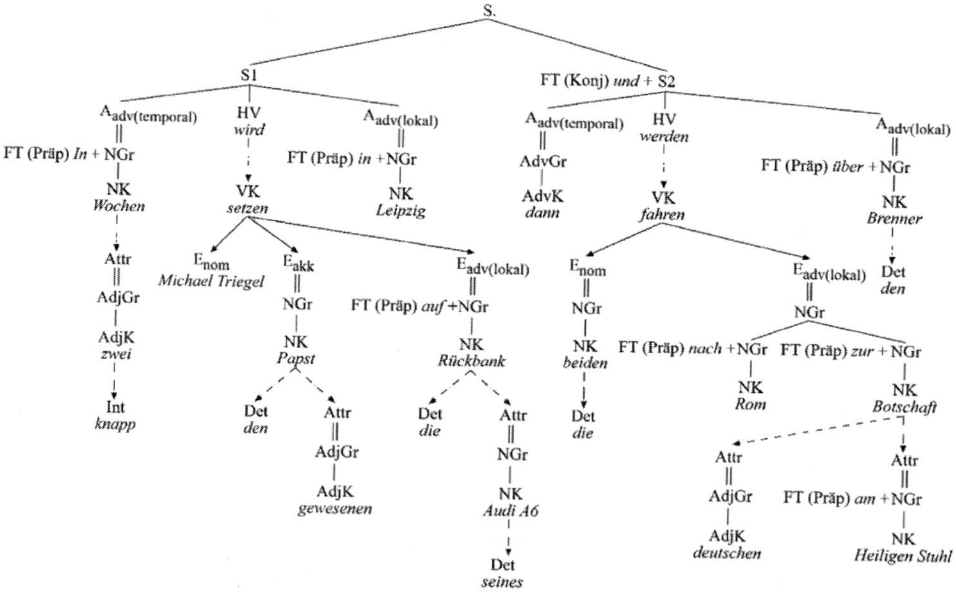

Abbildung 24: *In knapp zwei Wochen wird Michael Triegel den gewesenen Papst in Leipzig auf die Rückbank seines Audi A6 setzen, und dann werden die beiden über den Brenner nach Rom zur deutschen Botschaft am Heiligen Stuhl fahren.* (Satz 18)

10 „Beinamen mit Artikel sind appositive Phrasen. Sie sind keine lockeren Appositionen (und werden daher in geschriebener Sprache nicht mit Komma abgetrennt). Sie stehen immer im selben Kasus wie der Eigenname als Ganzes:" (Gallmann 2009: 993)

Kommentare

Michael Triegel

Dieser mehrteilige Name bildet einen komplexen Phrasenkern. Hauptkern ist der Nachname *Triegel*, appositiver Nebenkern ist der Vorname *Michael.*

Audi A6

Audi A6 betrachten wir als komplexen Phrasenkern. Hauptkern ist *Audi*, appositiver Nebenkern ist *A6*. Es handelt sich um eine determinative Apposition (s. Satz 12).

nach Rom zur deutschen Botschaft am Heiligen Stuhl fahren

Das Verb *fahren* ist 2-wertig: 'jemand fährt irgendwohin'. Das Agens der Fahrt steht in der Nominativergänzung. Das Ziel der Fahrt in der Adverbialergänzung. Hier werden zwei Ziele angegeben: *Rom* und die *deutsche Botschaft am Heiligen Stuhl.* D. h. die Adverbialergänzung besteht hier aus zwei Nominalgruppen, die durch zwei verschiedenen Präpositionen (*nach* und *zu*) gefügt werden.

Heiligen Stuhl

Heiliger Stuhl ist ein mehrteiliger Name, es liegt also ein komplexer Phrasenkern vor.

2.19 Satz 19

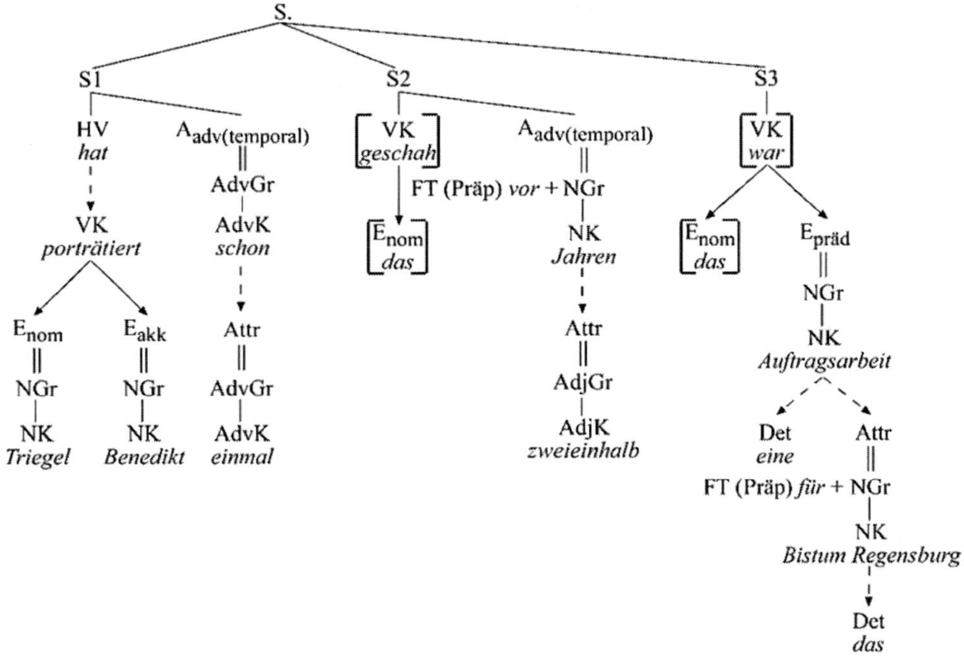

Abbildung 25: *Triegel hat Benedikt schon einmal porträtiert, vor zweieinhalb Jahren, eine Auftragsarbeit für das Bistum Regensburg.* (Satz 19)

Kommentare

Ellipse

Die Kommasetzung – speziell das Komma zwischen *porträtiert* und *vor zweieinhalb Jahren* – legt nahe, dass es sich um drei Sätze handelt, wobei die beiden letzten Sätze elliptisch sind. Wenn es sich bei *vor zweieinhalb Jahren* um ein ausgeklammertes Satzglied im Nachfeld handeln würde, würde man kein Komma davor erwarten.

schon einmal

Bei dem Satzglied *schon einmal* ist die Bestimmung des Kerns problematisch. Beide Adverbien sind temporal. *Schon* drückt aus, dass der Vorgang zu einem früheren Zeitpunkt stattgefunden hat, und *einmal* bedeutet 'ein [einziges] Mal' (vgl. DUW s. v. *schon* und *einmal*). Da wir die Bedeutung von *schon* im Kontext für übergeordnet erachten, sehen wir in *schon* den adverbialen Kern und in *einmal* das adverbiale Attribut.

Bistum Regensburg

Hier liegt ein komplexer Phrasenkern vor. *Regensburg* ist eine sog. determinative Apposition zum Hauptkern *Bistum*.

2.20 Satz 20

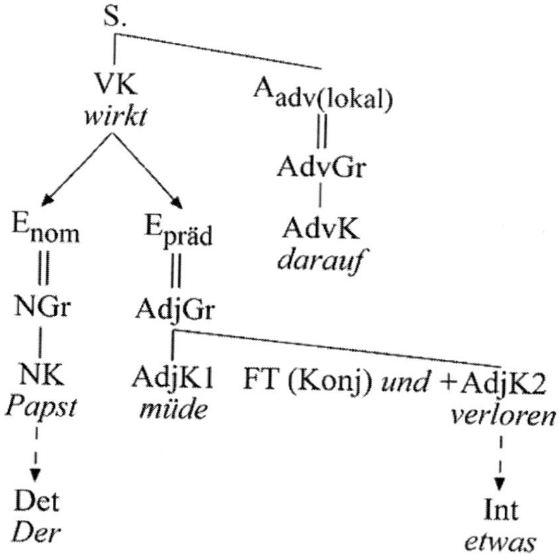

Abbildung 26: *Der Papst wirkt darauf müde und etwas verloren.* (Satz 20)

2.21 Satz 21

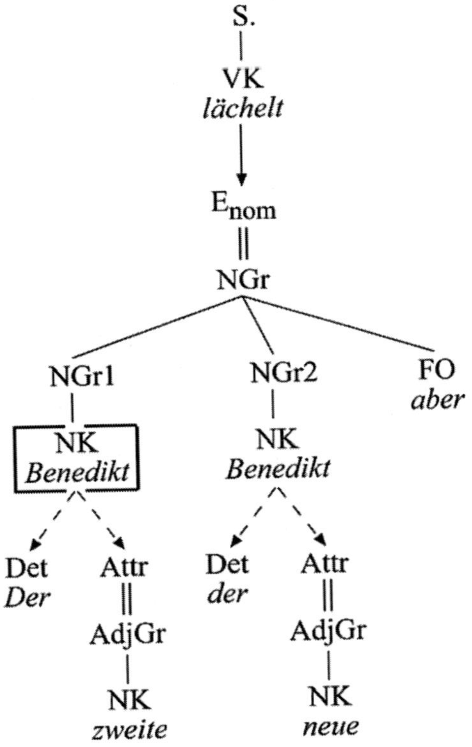

Abbildung 27: *Der zweite, der neue Benedikt aber lächelt.* (Satz 21)

Kommentare

der zweite, der neue Benedikt

Der bestimmte Artikel *der* kommt hier zweimal vor. Deswegen gehen wir davon aus, dass der Satz elliptisch ist (ohne Ellipse: *der zweite [Benedikt], der neue Benedikt*) und dass nicht zwei Attribute zu einem nominalen Kern *Benedikt* anzusetzen sind.

aber

Aber ist je nach Bedeutung eine Konjunktion, eine Fokuspartikel oder eine Modalpartikel. Als Konjunktion steht *aber* i. d. R. im Vorvorfeld oder zu Beginn des Mittelfeldes. Als Fokuspartikel ist *aber* Teil eines Satzgliedes, wobei sie nach dem Kern steht, und als Modalpartikel steht *aber* im Mittelfeld. *Aber* betont hier den Kontrast zwischen dem alten und dem neuen Papst (vgl. DUW s. v. *aber*). Aufgrund der Stellung (im Vorfeld und zugleich nach dem nominalen Kern *Benedikt*) und aufgrund der Bedeutung betrachten wir *aber* als Fokuspartikel und nicht als Konjunktion. Dass sich Fokuspartikel und Konjunktion in der Bedeutung leicht unterscheiden, ist zu sehen, wenn man beide nebeneinanderstellt: *Der neue Benedikt aber lächelt.* vs. *Aber der neue Benedikt lächelt.* (s. auch Satz 26, 37).

2.22 Satz 22

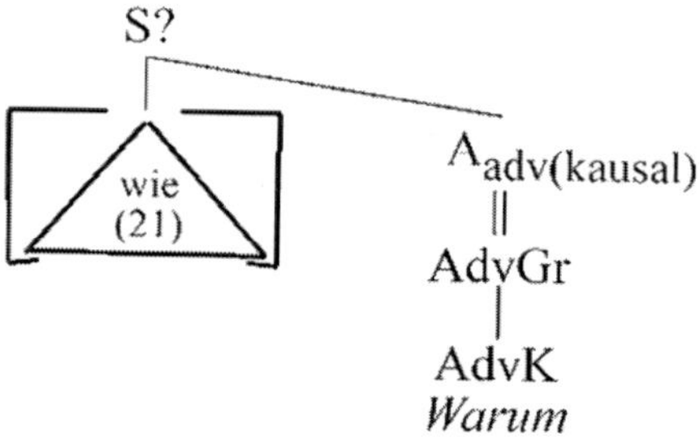

Abbildung 28: *Warum?* (Satz 22)

Kommentare

Satzäquivalent

Hier steht nur das Interrogativadverb *Warum* und ein Fragezeichen. Wir betrachten diese sprachliche Einheit als satzwertig und elliptisch und lösen sie auf zu *Warum [lächelt der zweite, der neue Benedikt]?*[11]

[11] „Ein Satzäquivalent oder satzwertiger Ausdruck ist eine sprachliche Einheit, die funktional einem ausgebauten Satz nahekommt, von diesem aber in irgendeiner Weise abweicht. […] Es kann ein Hauptsatzäquivalent (hautsatzwertiger Ausdruck) oder ein Nebensatzäquivalent (nebensatzwertiger Ausdruck) vorliegen. […] Manche satzwertigen Ausdrücke lassen sich als Ellipsen auffassen: *Schon wieder Regen. An die Arbeit! Wozu das alles?*“ (Gallmann 2009: 894)

2.23 Satz 23

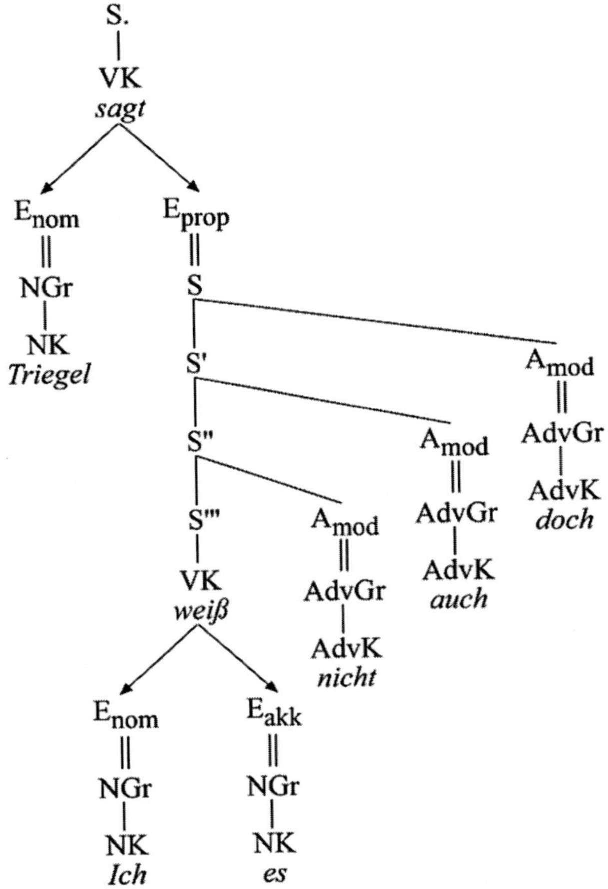

Abbildung 29: *„Ich weiß es doch auch nicht“, sagt Triegel.* (Satz 23)

Kommentare

doch auch nicht

Die Modalpartikel *doch* (unbetont, drückt Nachdruck der Aussage aus) hat die syntaktische Funktion einer Modalitätsangabe. Als Hierarchie übernehmen wir die Reihenfolge der Modalitätsangaben. Zu *auch nicht* s. Satz 3.

2.24 Satz 24

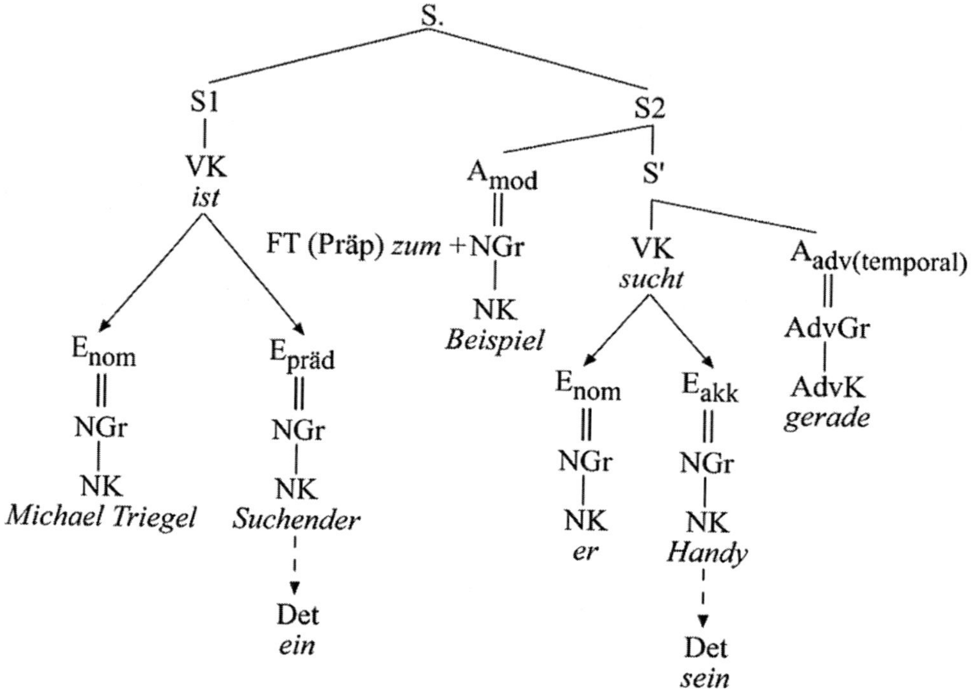

Abbildung 30: *Michael Triegel ist ein Suchender, gerade sucht er zum Beispiel sein Handy.* (Satz 24)

Kommentare

Michael Triegel

S. Satz 18.

zum Beispiel

Die idiomatische Wendung *zum Beispiel* ist ein Kommentar des Autors zum Geltungsbereich seines Satzes (anders als z. B. eine finale Adverbialangabe wie *zu seinem Vergnügen*). Deshalb stellen wir *zum Beispiel* als Modalitätsangabe dar.

2.25 Satz 25

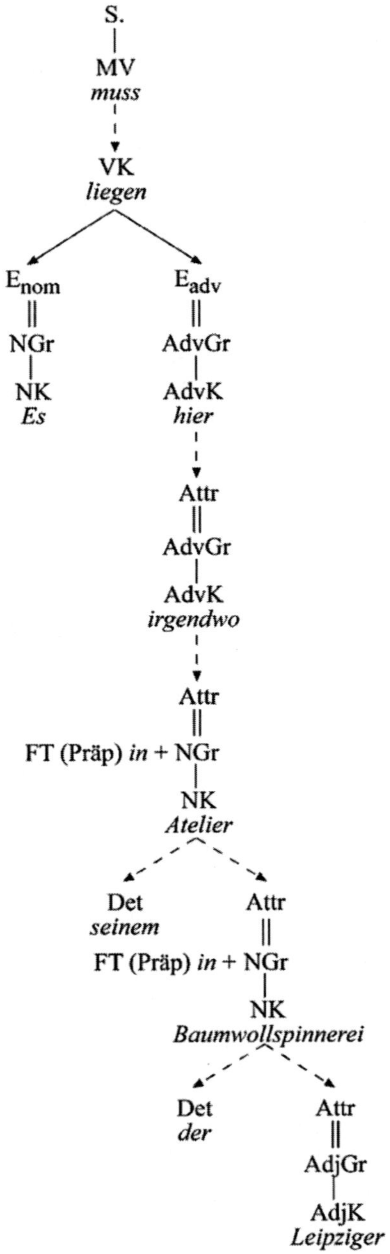

Abbildung 31: *Es muss hier irgendwo liegen, in seinem Atelier in der Leipziger Baumwollspinnerei.* (Satz 25)

Kommentare

hier irgendwo in seinem Atelier in der Leipziger Baumwollspinnerei

Die Umstellprobe und Ersatzprobe zeigen, dass es sich um ein Satzglied handelt: *Hier irgendwo in der Leipziger Baumwollspinnerei muss es liegen. – Dort muss es liegen.* Da das Adverb *hier* innerhalb dieses Satzgliedes am meisten betont wird, ist dieses Adverb der oberste Kern innerhalb dieses Satzgliedes. Außerdem besteht die Tendenz, adverbiale Attribute nachzustellen, was neben der Betonung dafür spricht, dass *irgendwo* Attribut zu *hier* ist.

Leipziger

S. Satz 5.

2.26 Satz 26

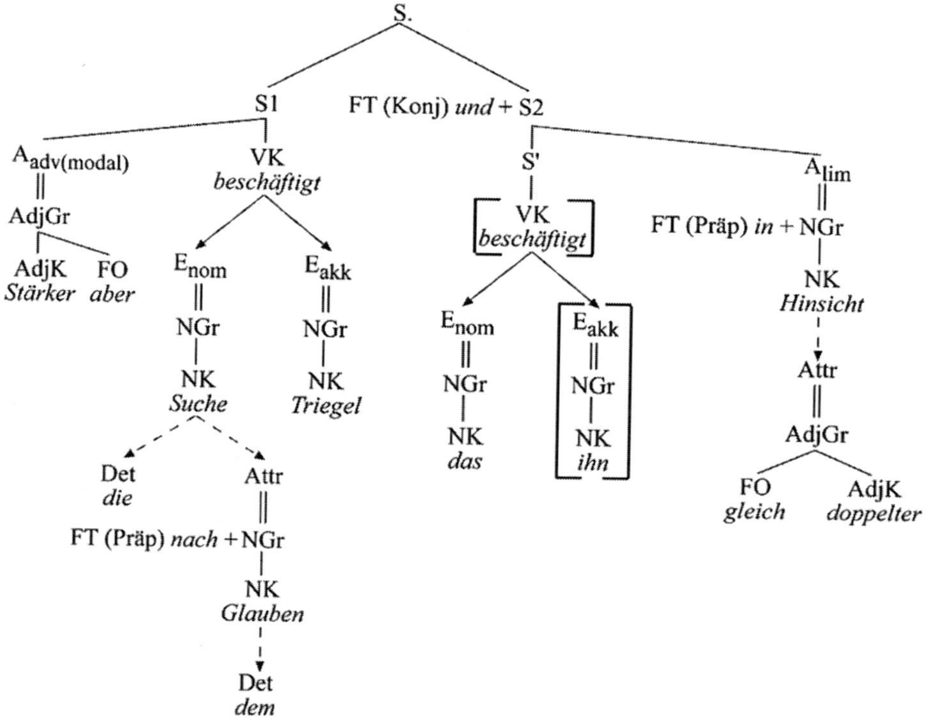

Abbildung 32: *Stärker aber beschäftigt Triegel die Suche nach dem Glauben, und das in gleich doppelter Hinsicht.* (Satz 26)

Kommentare

stärker aber

Stärker aber ist ein Satzglied: Es steht zusammen im Vorfeld und es ist ersetzbar, z. B. durch *so*. *Aber* ist eine Fokuspartikel in der syntaktischen Funktion eines Fokusoperators (s. auch Satz 21, 37).

2.27 Satz 27

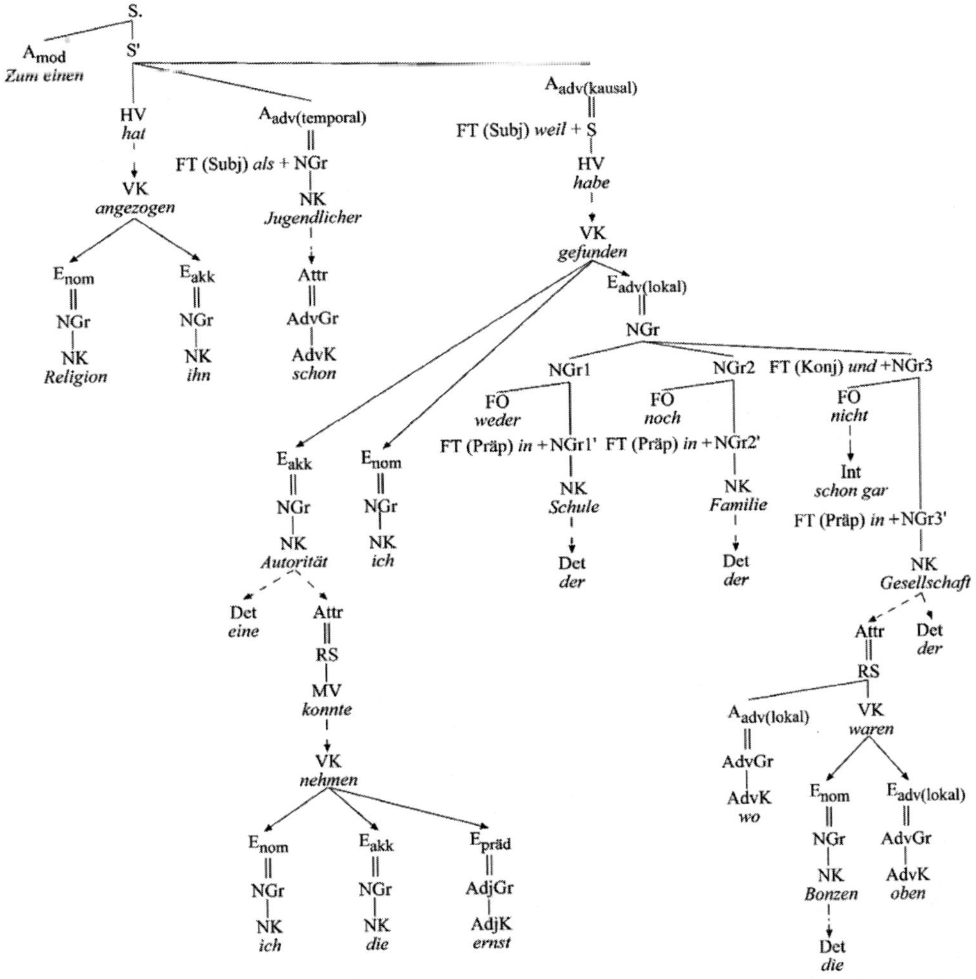

Abbildung 33: *Zum einen hat ihn Religion schon als Jugendlicher angezogen, „weil ich weder in der Schule noch in der Familie und schon gar nicht in der Gesellschaft, wo die Bonzen oben waren, eine Autorität gefunden habe, die ich ernst nehmen konnte.* (Satz 27)

Kommentare

Zum einen

Die idiomatische Wendung *zum einen* (s. DUW s. v. *ein*) ist ein Konnektor, der Gegensätzlichkeit ausdrückt (s. Fritz 2009: 1093). Der Autor stellt den hier dargestellten Sachverhalt in Gegensatz zu einem später kommenden Sachverhalt. Somit liegt hier eine Modalitätsangabe vor.

schon als Jugendlicher

Das Adverb *schon* und die Phrase *als Jugendlicher* sind im Kontext temporal zu verstehen. Zusammen drücken sie aus, dass der dargestellte Sachverhalt (‘Anziehungskraft der Religion’) nicht neu ist, sondern seit der Jugend besteht. Deshalb betrachten wir *schon als Jugendlicher* als temporale Adverbialangabe. Aufgrund der Weglassprobe (*Zum einen hat ihn Religion als Jugendlicher angezogen* vs. ?*Zum einen hat ihn Religion schon angezogen, weil…*) bezeichnen wir *Jugendlicher* als übergeordneten nominalen Kern, von dem das adverbiale Attribut *schon* abhängt. *Als* bezeichnen wir hier nicht als Vergleichspartikel, da kein Vergleich sondern ein Zeitpunkt ausgedrückt wird, wie bei der homonymen Subjunktion. Wenn das Satzglied satzförmig realisiert wird, zeigt sich dies deutlich: *Als er ein Jugendlicher war, hat ihn Religion schon angezogen.*

finden

Finden wird als 3-wertig betrachtet: ‘jemand findet etwas in etwas’ (vgl. VALBU s. v. *finden*). Obwohl hier mit *in der Schule, in der Familie, in der Gesellschaft* kein wörtlicher Ort gemeint ist, wird diese Ergänzung als lokale Adverbialergänzung behandelt (vgl. Satz 64).

ernst nehmen

Hier liegt keine idiomatische Wendung vor, denn eine der Bedeutungen von *nehmen* lautet ‘in einer bestimmten Weise betrachten, auffassen, bewerten, einschätzen’ (DUW s. v. *nehmen*). In dieser Bedeutung ist *nehmen* auch mit anderen Adjektiven kombinierbar, z. B. *Er nahm die Angelegenheit schwer/leicht.* Außerdem kann das Adjektiv *ernst* gesteigert und attribuiert werden, was gegen eine idiomatische Wendung spricht: *Er nahm die Angelegenheit viel ernster als alle anderen.*

weder … noch … nicht

In Satz 8 haben wir *weder* und *noch* als Adverbien klassifiziert und ihnen die syntaktische Funktion einer Modalitätsangabe zugewiesen. Hier sind *weder, noch* und *nicht* allerdings nicht satzgliedwertig. Es liegen hier also Negationspartikeln vor, die die syntaktische Funktion von Fokusoperatoren aufweisen.

schon gar

Die Partikel *gar* verstärkt Verneinungen (s. DUW s. v. *gar*), die Partikel *schon* verstärkt emotional. Deshalb werten wir *schon gar* als Intensivierer zum Adverb *nicht.*

2.28 Satz 28

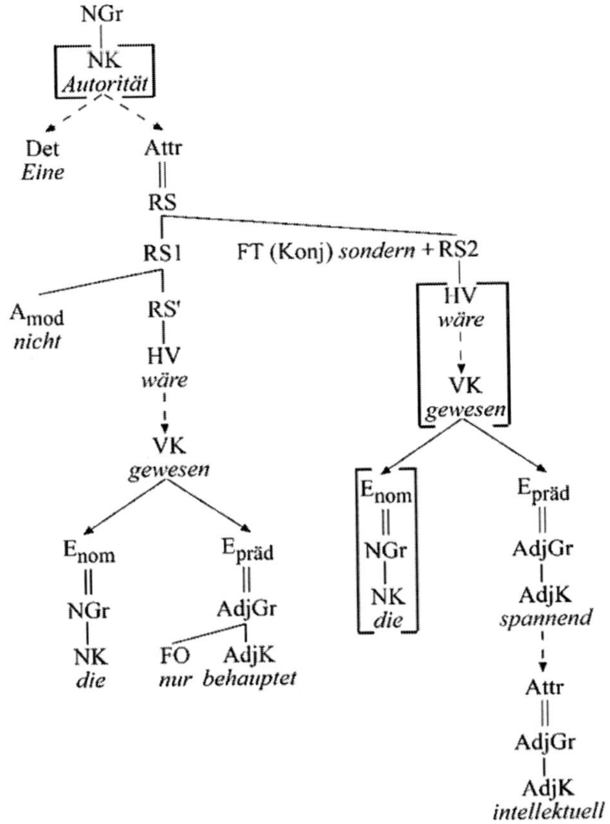

Abbildung 34: *Eine, die nicht nur behauptet gewesen wäre, sondern intellektuell spannend.*" (Satz 28)

Kommentare

Ellipse

Es liegt eine elliptische Nominalgruppe vor, die aus dem Kontext so auszufüllen ist: *Eine [Autorität], die nicht nur behauptet gewesen wäre, sondern [die] intellektuell spannend [gewesen wäre].*

behauptet gewesen wäre

Bei der Kombination des Part II *behauptet* mit dem Verb *sein* muss man sich entscheiden, ob eine Kopulakonstruktion oder ein Zustandspassiv vorliegt. Wenn wir davon ausgehen, dass das Passiv eine Konverse des Aktivs ist (z. B. *Die Schuhe sind geputzt.* ←→ *Otto putzt die Schuhe.)*, dann müsste ein entsprechender Aktivsatz formulierbar sein: *Die Autorität wäre nicht nur behauptet gewesen.* ←→ ?*Jemand hätte die/seine Autorität nicht nur behauptet.* Da wir es fraglich finden, ob kompetente Sprecher einen solchen Aktivsatz akzeptieren würden, gehen wir davon aus, dass hier kein Zustandspassiv sondern eine Kopulakonstruktion vorliegt.

2.29 Satz 29

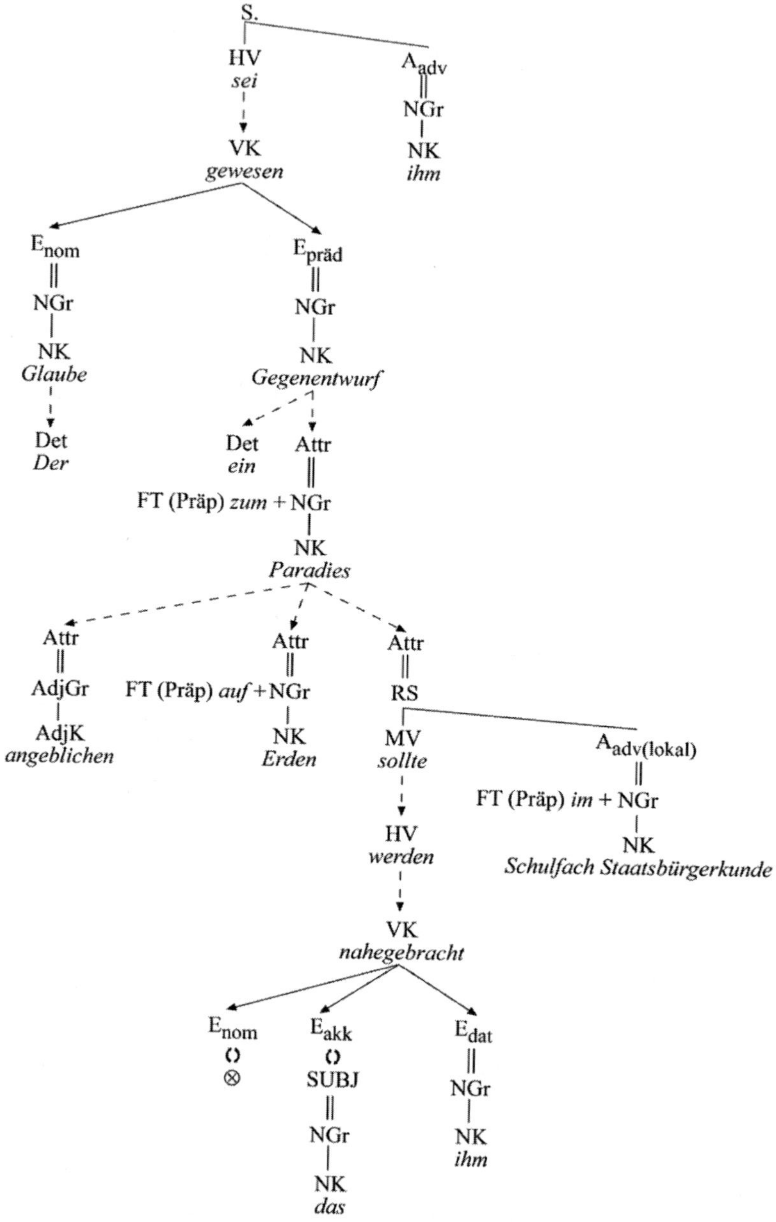

Abbildung 35: *Der Glaube sei ihm ein Gegenentwurf gewesen zum angeblichen Paradies auf Erden, das ihm im Schulfach Staatsbürgerkunde nahegebracht werden sollte.* (Satz 29)

Kommentare

ihm

Wir interpretieren diesen Dativ aufgrund des Kontexts als Dativus commodi und werten ihn deshalb syntaktisch als Adverbialangabe. Begründung: *Ihm* gibt hier nicht den Träger einer Meinung wieder (das wäre dann ein Dativus iudicantis) sondern den Nutznießer der Tatsache, dass der Glaube ein Gegenentwurf ist. Deshalb kann *ihm* auch durch *für ihn* bzw. *zu seinem Vorteil* ersetzt werden. Deutlicher ist dies in Satz 32 *Die Kirche ist ihm ein guter Auftraggeber.* zu sehen.

Schulfach Staatsbürgerkunde

Hier liegt ein komplexer Phrasenkern vor. *Staatsbürgerkunde* ist eine sog. determinative Apposition zum Hauptkern *Schulfach.*

nahegebracht

Die Zusammenschreibung deutet schon darauf hin, dass die Wortbildung aus dem Adjektiv *nahe* und dem Verb *bringen* als Kompositum eine spezielle Bedeutung hat, die im DUW als 'jemandem bestimmte Kenntnisse vermitteln und bei ihm Interesse, Verständnis für die Sache wecken' (DUW s. v. *nahebringen*) umschrieben wird. Deshalb lautet der verbale Kern *nahebringen.*

nahegebracht werden

Vorgangspassiv

2.30 Satz 30

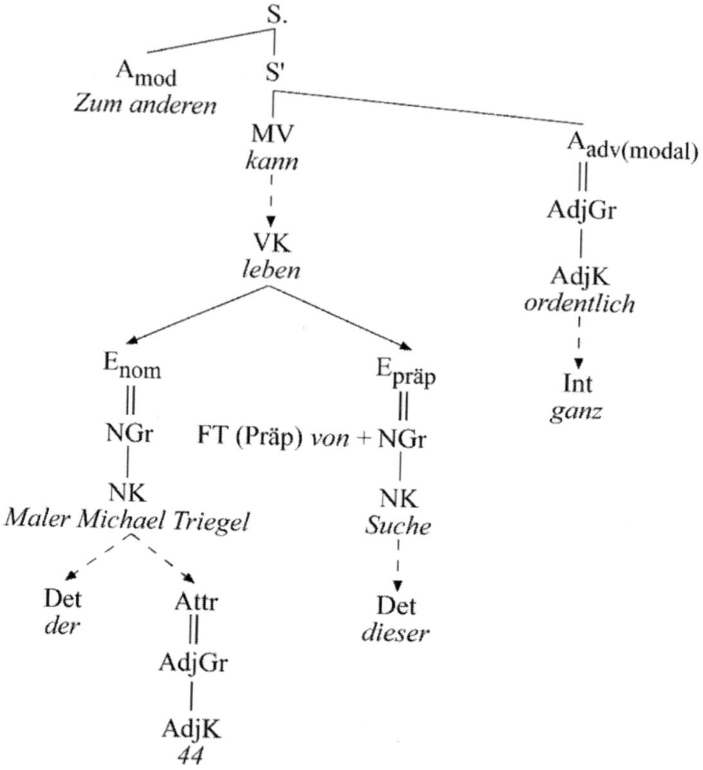

Abbildung 36: *Zum anderen kann der Maler Michael Triegel, 44, ganz ordentlich von dieser Suche leben.* (Satz 30)

Kommentare

Zum anderen

Wie die idiomatische Wendung *zum einen* (Satz 27, s. DUW s. v. *ein*) ist *zum anderen* ein Konnektor, der Gegensätzlichkeit ausdrückt (s. Fritz 2009: 1093). Der Autor stellt den hier dargestellten Sachverhalt in Gegensatz zu einem später kommenden Sachverhalt. Somit liegt hier eine Modalitätsangabe vor.

der Maler Michael Triegel

Hier liegt eine explikative Apposition vor. Der komplexe Phrasenkern besteht aus einer Gattungsbezeichnung mit dem bestimmten Artikel (*der Maler*) gefolgt von einem Eigennamen (*Michael Triegel*). Hauptkern ist die Gattungsbezeichnung, appositiver Nebenkern ist der Eigenname. Der Eigenname *Michael Triegel* ist mehrteilig (s. Satz 18).[12]

2.31 Satz 31

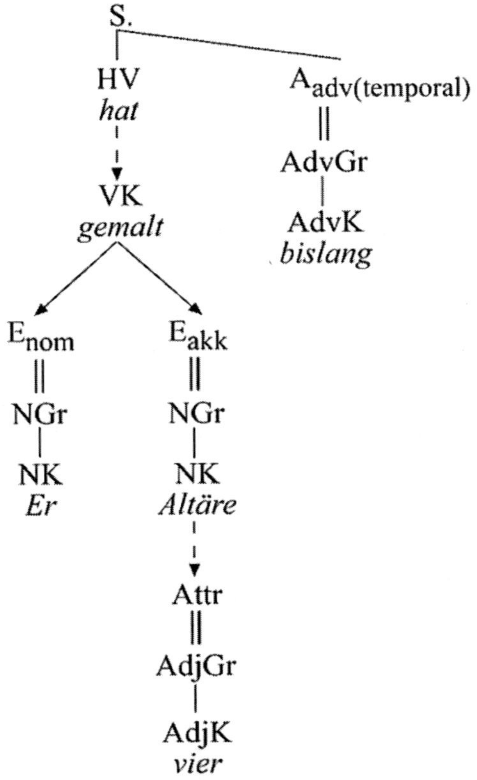

Abbildung 37: *Er hat bislang vier Altäre gemalt.* (Satz 31)

[12] Vgl. Gallmann 2009: 987f.

2.32 Satz 32

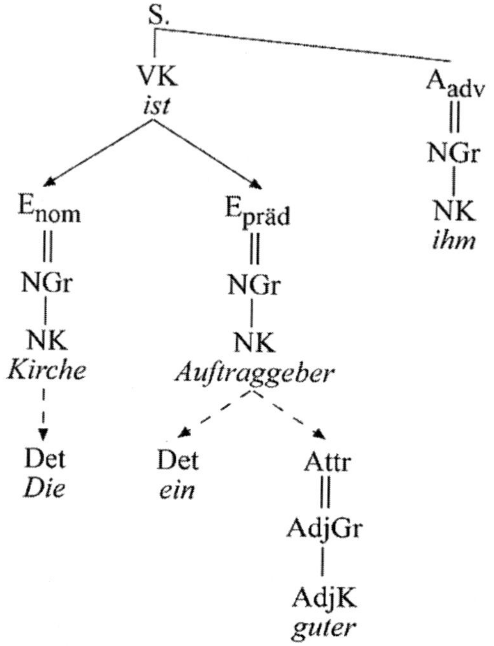

Abbildung 38: *Die Kirche ist ihm ein guter Auftraggeber.* (Satz 32)

Kommentare

ihm

Als dativus commodi interpretiert und deshalb syntaktisch als Adverbialangabe gewertet (Erläuterung s. Satz 29).

2.33 Satz 33

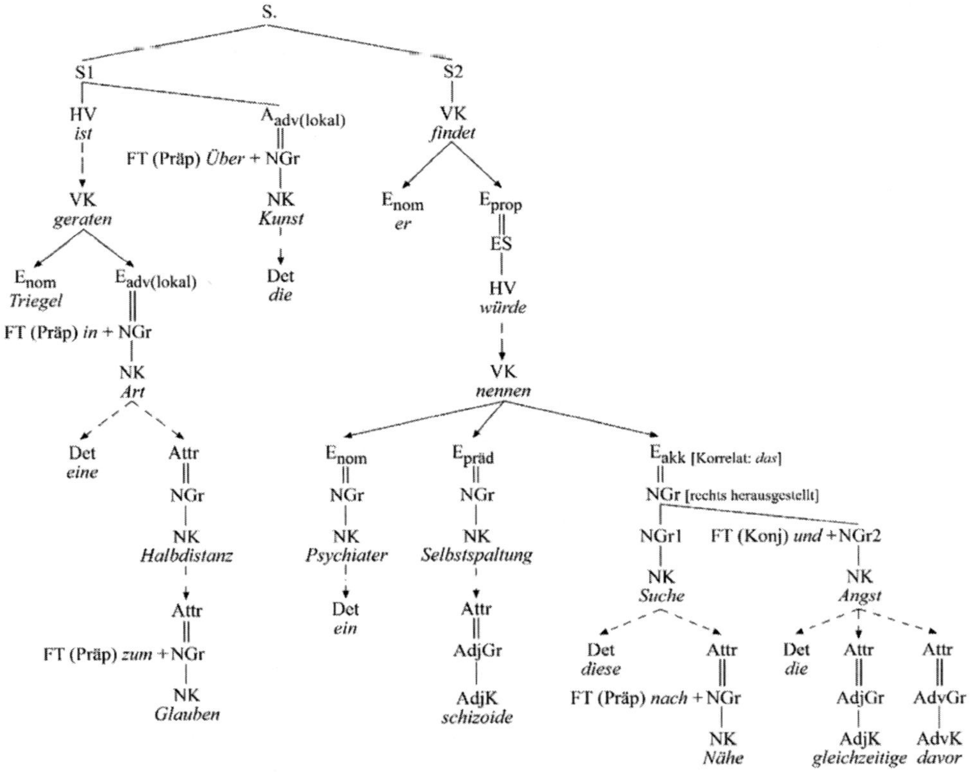

Abbildung 39: *Über die Kunst ist Triegel in eine Art Halbdistanz zum Glauben geraten, „ein Psychiater würde das schizoide Selbstspaltung nennen", findet er: „diese Suche nach Nähe und die gleichzeitige Angst davor".* (Satz 33)

Kommentare

eine Art Halbdistanz zum Glauben

Halbdistanz zum Glauben ist eine Apposition zum nominalen Kern *Art*. Nach der Genitivregel[13] der Duden-Grammatik kann *Halbdistanz* hier keine Nominalphrase im Genitiv sein. *Halbdistanz* steht vielmehr im gleichen Kasus wie der nominale Kern *Art*. Laut Gallmann sind Appositionen nach Substantiven wie *Art* oder *Sorte* mit partitiven Appositionen verwandt (vgl. Gallmann 2009: 983).

das: *diese Suche nach Nähe und die gleichzeitige Angst davor*

Das ist ein kataphorisches Pronomen, das die komplexe Nominalgruppe *diese Suche nach Nähe und die gleichzeitige Angst davor* vorwegnimmt. Das Pronomen *das* steht im Mittelfeld des Nebensatzes in V2-Stellung, die Nominalgruppe *diese Suche … da-*

13 „Eine Nominalphrase kann nur dann im Genitiv stehen, wenn sie (i) mindestens ein adjektivisch flektiertes Wort und (ii) mindestens ein Wort mit *s*- oder *r*-Endung enthält." (Gallmann 2009: 968) In diesem Fall sind beide Bedingungen nicht erfüllt.

vor steht im Nachfeld, d. h. sie ist ausgeklammert bzw. rechtsversetzt. Wir betrachten das Pronomen *das* als eine Art Korrelat, das auf das ausgeklammerte Satzglied hinweist. Ähnlich wie bei dem Korrelat *es* in Sätzen wie *Uns hat es sehr gefreut, dass sie gekommen sind.*

2.34 Satz 34

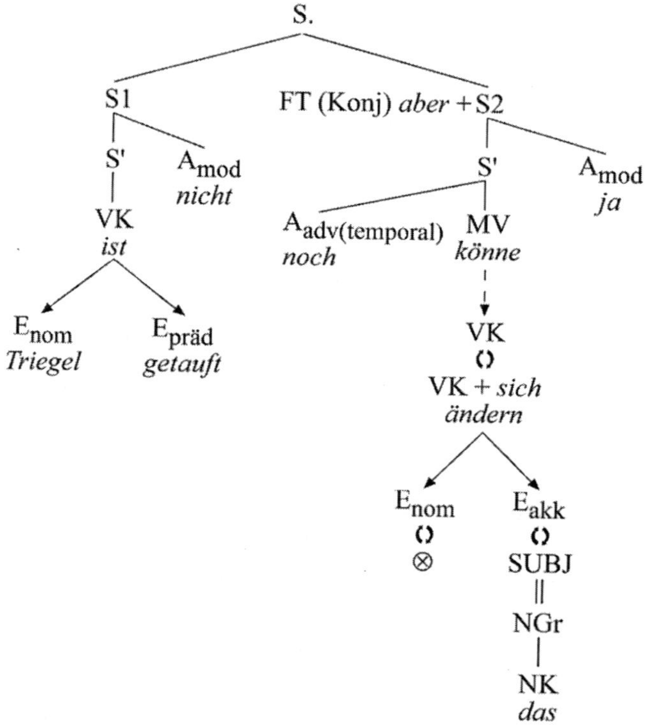

Abbildung 40: *Triegel ist nicht getauft, aber das könne sich ja noch ändern.* (Satz 34)

Kommentare

ist getauft

Bei der Kombination vom Partizip II *getauft* mit dem Verb *sein* muss man sich entscheiden, ob eine Kopulakonstruktion oder ein Zustandspassiv vorliegt. Hier scheinen beide Möglichkeiten denkbar zu sein. Im Baumgraph dargestellt ist die Kopulakonstruktion.

sich ändern

Hier liegt eine Passivkonkurrenz oder Alternative zum Passiv[14] mittels Reflexivierung des verbalen Kerns *ändern* in *sich ändern* vor. Dadurch wird dieselbe Konverse erreicht, wie sie auch durch ein etwaiges Passiv erreicht würde (s. auch die allgemeinen Erklärungen zum Passiv und zu den Passivkonkurrenzen in den Vorbemerkungen).

14 „Als Alternativen […] des *werden*-Passivs kommen u.a. Funktionsverbgefüge und reflexive Vollverbvarianten unterschiedlicher Art infrage." (Fabricius-Hansen 2009: 549; s. auch 401f.)

2.35 Satz 35

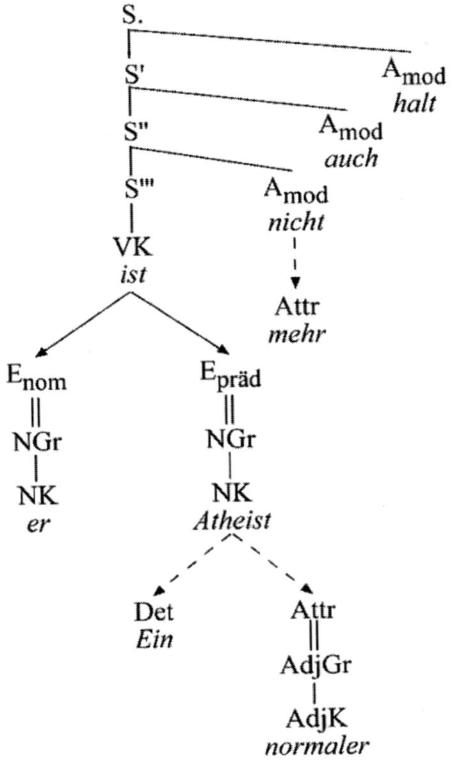

Abbildung 41: *Ein normaler Atheist ist er halt auch nicht mehr.* (Satz 35)

Kommentare

halt auch nicht mehr

Satzgliedproben wie die Umstell- und Ersatzprobe versagen bei diesen Einheiten, um festzustellen, wie viele Satzglieder hier vorliegen. In Analogie zu den Sätzen 2 und 23 gehen wir von hierarchisch aufeinanderfolgenden Modalitätsangaben aus, wobei das lineare Auftreten im Satz die Hierarchie wiederspiegelt: *Es ist halt so, dass es auch so ist, dass es nicht mehr so ist, dass er ein normaler Atheist ist.*

2.36 Satz 36

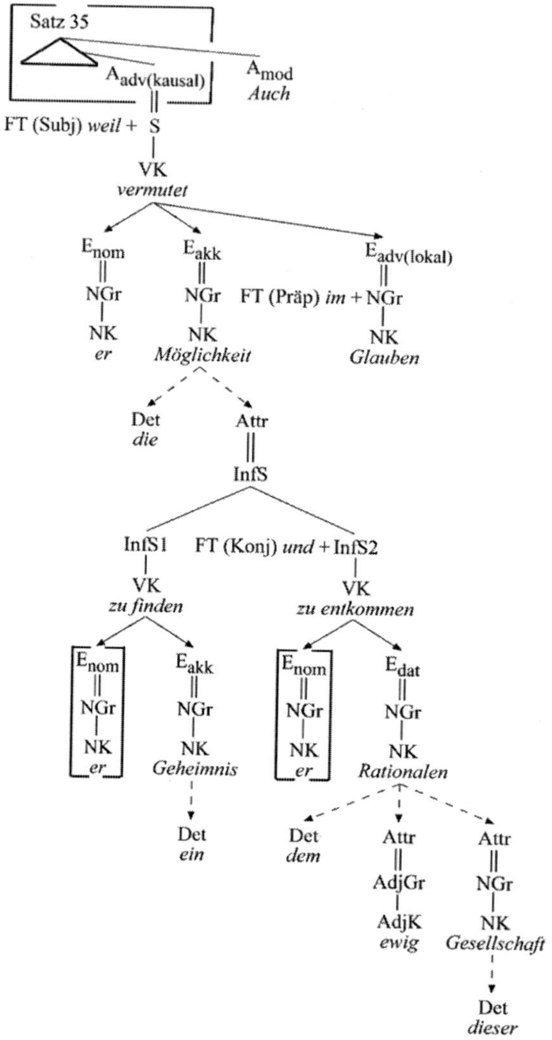

Abbildung 42: *Auch weil er im Glauben die Möglichkeit vermutet, ein Geheimnis zu finden und „dem ewig Rationalen dieser Gesellschaft zu entkommen".* (Satz 36)

Kommentare

auch

Als Modalitätsangabe interpretiert, s. Satz 3.

vermuten

Hier liegt das 3-wertige *vermuten* in der Bedeutung 'glauben, dass etwas in etwas verkörpert ist' (s. VALBU, s. v. *vermuten*) vor. Da man mit dem Interrogativadverb *wo* nach *im Glauben* fragen kann *(Wo vermutet man eine solche Möglichkeit?)*, sehen wir darin eine Adverbialergänzung (im Gegensatz zum VALBU, das eine Präpositionalergänzung ansetzt).

zu-Infinitive

Die Infinitivphrasen[15] *ein Geheimnis zu finden* und *dem ewig Rationalen … zu entkommen* sind nebensatzwertig (Umformulierung in einen Nebensatz mit finitem Verb: *Auch weil er im Glauben die Möglichkeit vermutet, dass man ein Geheimnis findet und dass man dem ewig Rationalen … entkommt.*). Die nebensatzwertigen Infinitivphrasen bilden ein satzförmiges Attribut (Nebensatzreihe) zum nominalen Kern *Möglichkeit*. Die Nominativergänzungen sind wegen der Infinitivphrase zwar nicht realisiert, aber aus dem Kontext erschließbar. Das *zu* kann als Teil der Infinitivflexion angesehen werden und steht deshalb beim verbalen Kern.[16]

dem ewig Rationalen

Obwohl *Rationalen* ein Substantiv ist (die Konversion ist anhand des Artikels und der Großschreibung zu erkennen), wird das vorangestellte, adjektivische Attribut *ewig* unflektiert gebraucht, wie es bei adjektivischen Attributen zu adjektivischen Kernen üblich ist: *der ewig rationale Mensch*.

2.37 Satz 37

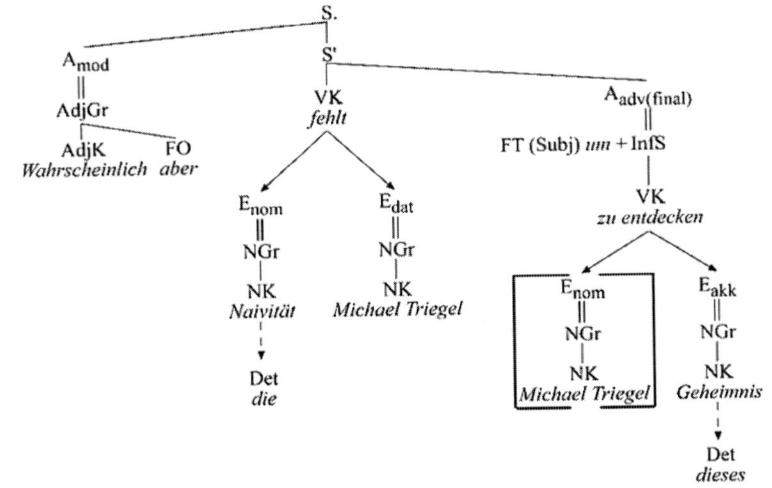

Abbildung 43: *Wahrscheinlich aber fehlt Michael Triegel die Naivität, um dieses Geheimnis zu entdecken.* (Satz 37)

15 „Infinitivphrasen können auch die Funktion von Nebensätzen übernehmen […]. Die Nähe zu den Nebensätzen mit finitem Prädikat lässt sich oft mit einer Umformprobe zeigen […]. Satzwertige Infinitivphrasen sind formal immer subjektlos. Semantisch ist allerdings ein Subjekt hinzuzudenken, und zwar ergibt es sich aus einer Bezugsphrase im übergeordneten Satz." (Gallmann 2009: 852)

16 „Der reinen Infinitivform kann ein *zu* vorangehen. Das *zu* dieses *zu*-Infinitivs wird bei einfachen Verben und untrennbaren komplexen Verben […] als ein selbstständiges Wort geschrieben: *zu rauchen* […], *zu hinterfragen* […]. In systematischer Hinsicht ist das *zu* jedoch dem Präfix *ge-* des Partizips II vergleichbar, d. h., es ist eher als ein vorangestelltes Flexionselement denn als ein eigenes Wort einzustufen." (Fabricius-Hansen 2009: 439)

Kommentare

Wahrscheinlich aber

Wahrscheinlich aber ist ein Satzglied (steht zusammen im Vorfeld, die Ersatzprobe funktioniert bei Kommentaradverbien überhaupt schwierig). *Aber* ist eine Fokuspartikel in der syntaktischen Funktion eines Fokusoperators (s. auch Satz 21, 26).

Michael Triegel

Mehrteiliger Eigenname s. Satz 18.

2.38 Satz 38

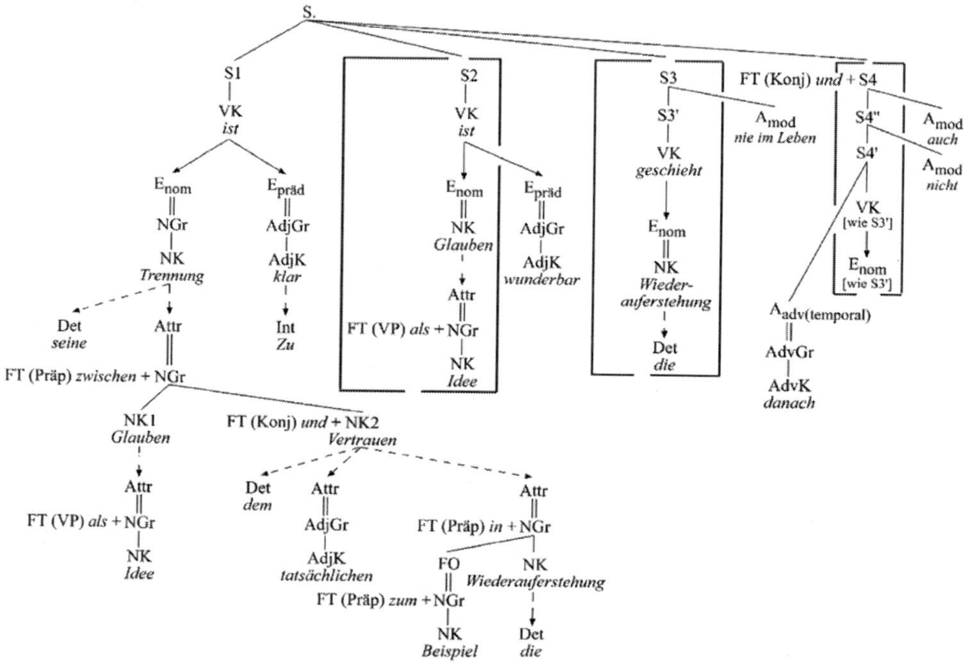

Abbildung 44: *Zu klar ist seine Trennung zwischen Glauben als Idee (wunderbar) – und dem tatsächlichen Vertrauen in, zum Beispiel, die Wiederauferstehung (nie im Leben – und auch nicht danach.)* (Satz 38)

Kommentare

eingeklammerte Zusätze *(wunderbar)*, *(nie im Leben – und auch nicht danach)*

Die eingeklammerten Zusätze kommentieren jeweils die vorausgegangenen Aussagen, wobei die Kommentare elliptisch sind. Wenn man die Ellipsen ausformuliert, lautet Satz 38: *Zu klar ist seine Trennung zwischen Glauben als Idee ([Glauben als Idee ist] wunderbar) – und … die Wiederauferstehung ([die Wiederauferstehung geschieht] nie im Leben und [sie geschieht] auch nicht danach).* Wir betrachten Satz 38 deshalb als Satzreihe aus vier Sätzen, von denen die Sätze 2-4 elliptisch sind.

nie im Leben

Im Kontext (zwischen *Wiederauferstehung* und *danach*) liegt hier ein Wortspiel vor. *Nie im Leben* ist hier sowohl die idiomatische Wendung in der Bedeutung 'niemals, unter keinen Umständen' (s. DUW s. v. *Leben*) als auch wörtlich zu verstehen (zu umschreiben als: 'niemals, während man lebt – aber vielleicht nachdem man tot ist') d. h. *Leben* wird im Wortspiel wörtlich remotiviert. Für die Bestimmung der syntaktischen Funktion wird die idiomatische Bedeutung herangezogen, sodass im Baumgraph eine Modalitätsangabe dargestellt ist.

auch nicht

S. Satz 3.

2.39 Satz 39

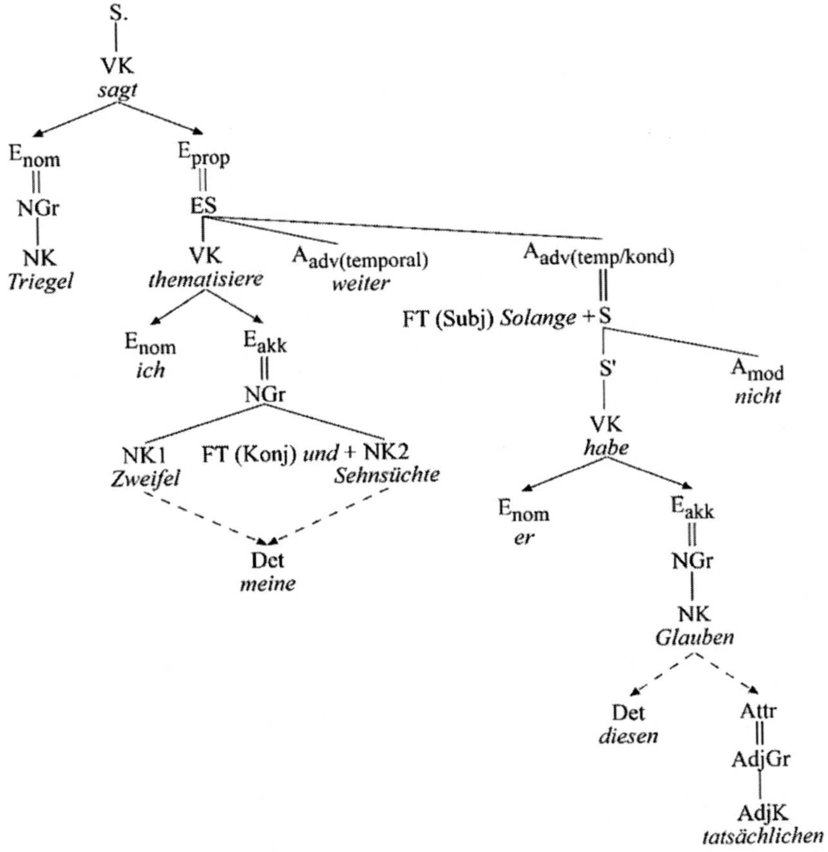

Abbildung 45: *Solange er diesen tatsächlichen Glauben nicht habe, sagt Triegel, „thematisiere ich weiter meine Zweifel und Sehnsüchte".* (Satz 39)

2.40 Satz 40

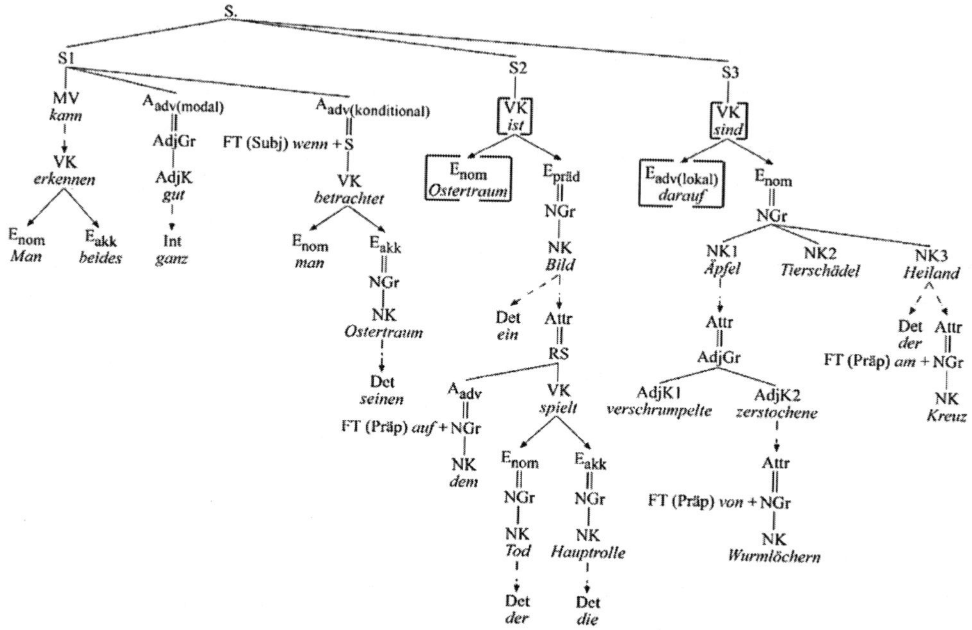

Abbildung 46: *Man kann beides ganz gut erkennen, wenn man seinen „Ostertraum“ betrachtet, ein Bild, auf dem der Tod die Hauptrolle spielt: verschrumpelte, von Wurmlöchern zerstochene Äpfel, Tierschädel, der Heiland am Kreuz.* (Satz 40)

Kommentare

ein Bild … spielt

Hier gibt es zwei Möglichkeiten: Man kann *ein Bild* als den Kern einer lockeren Apposition zu *Ostertraum* ansehen oder man kann es als asyndetisch gereihten, elliptischen Satz S2 zu S1 betrachten:

1. *Man kann beides ganz gut erkennen, wenn man seinen „Ostertraum“, ein Bild, auf dem der Tod die Hauptrolle spielt, betrachtet:*
2. *…, wenn man seinen „Ostertraum betrachtet, [(denn) der Ostertraum ist] ein Bild, auf dem … spielt.*

Im Baumgraph ist die Ellipse dargestellt. Die lockere Apposition wäre syntaktisch ein Attribut zum nominalen Kern *Bild.*

verschrumpelte … Kreuz

Hier liegt eine Ellipse vor: *ein Bild, auf dem der Tod die Hauptrolle spielt: [Darauf sind] verschrumpelte … Kreuz* (s. allgemeine Vorbemerkungen).

2.41 Satz 41

[Möglichkeit 1: modaler Infinitiv *zu erkennen*
im Zustandspassiv (mit *sein* als Modalitätsverb)]

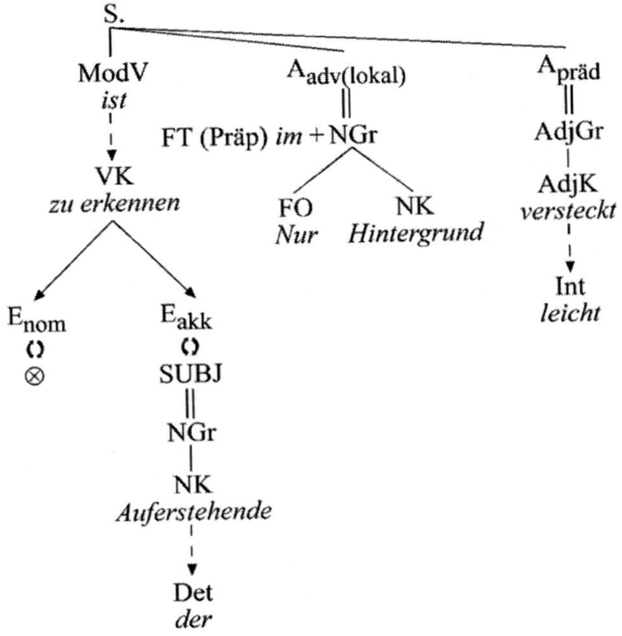

[Möglichkeit 2: Kopulakonstruktion]

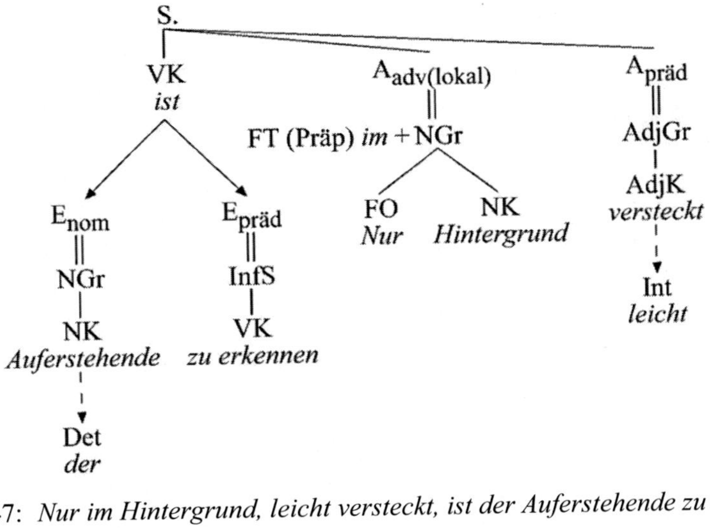

Abbildung 47: *Nur im Hintergrund, leicht versteckt, ist der Auferstehende zu erkennen.* (Satz 41)

Kommentare

Vorfeldbesetzung

Nach dieser Analyse handelt es sich bei *Nur im Hintergrund* und *leicht versteckt* um zwei verschiedene Angaben und damit um zwei getrennte Satzglieder. Analysiert man *leicht versteckt* nicht als parenthetischen Einschub außerhalb des Satzes, liegt hier eine doppelte Vorfeldbesetzung vor.

ist zu erkennen

Hier sind zwei grundsätzlich verschiedene Möglichkeiten dargestellt, die aber durchaus Berührungspunkte aufweisen. In der ersten Möglichkeit wird *sein* als Modalitätsverb aufgefasst. Die Konstruktion von *sein* + *zu*-Infinitiv ist eine Alternative zu Passivkonstruktionen mit Modalverb (*der Auferstehende kann erkannt werden*; s. auch die allgemeinen Erklärungen zum Passiv und den Passivkonkurrenzen in den Vorbemerkungen). In der zweiten Möglichkeit wird die Konstruktion als Kopulakonstruktion gelesen: *Der Auferstehende ist zu erkennen* entspricht dem Satz *Der Auferstehende ist erkennbar*. Konstruktionen von *sein* und einem Adjektiv auf *-bar* werden ebenfalls als Alternativen zu Passivkonstruktionen mit Modalverb gesehen (vgl. Fabricius-Hansen 2009: 549 und zur passivisch-modalen Wortbildungsbedeutung von Adjektiven auf *-bar* s. Barz 2009: 755). *Zu erkennen* ist dann eine satzwertige Infinitivphrase (vgl. Satz 36). Die nicht realisierte Nominativ- und Akkusativergänzung des 2-wertigen Verbs *erkennen* sind im Baumgraph nicht dargestellt.

2.42 Satz 42

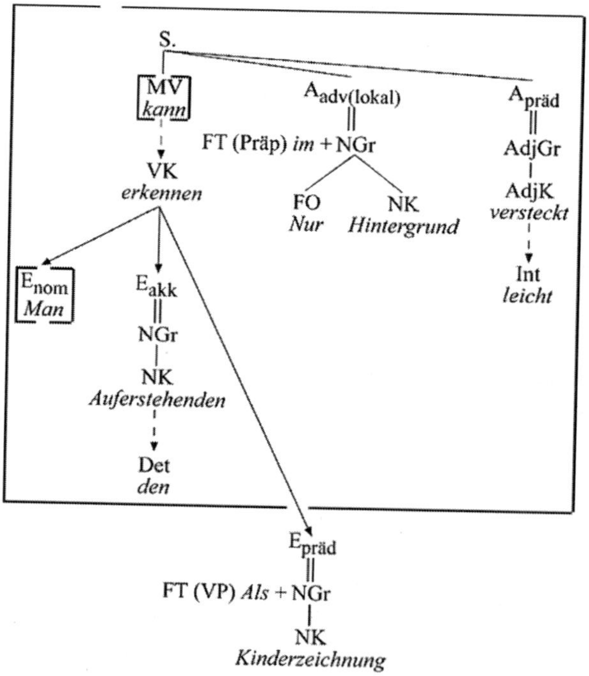

Abbildung 48: *Als Kinderzeichnung.* (Satz 42)

Kommentare

Ellipse

Der Satz ist elliptisch, aus dem Kontext wird Satz 41 ergänzt: *[Nur im Hintergrund, leicht versteckt, ist der Auferstehende] als Kinderzeichnung [zu erkennen].*

erkennen

Erkennen in der Bedeutung ‘etwas als ein solches einschätzen’ (s. VALBU s. v. *erkennen*) ist 3-wertig mit einer Nominativ-, einer Akkusativ- und einer Prädikativergänzung.

2.43 Satz 43

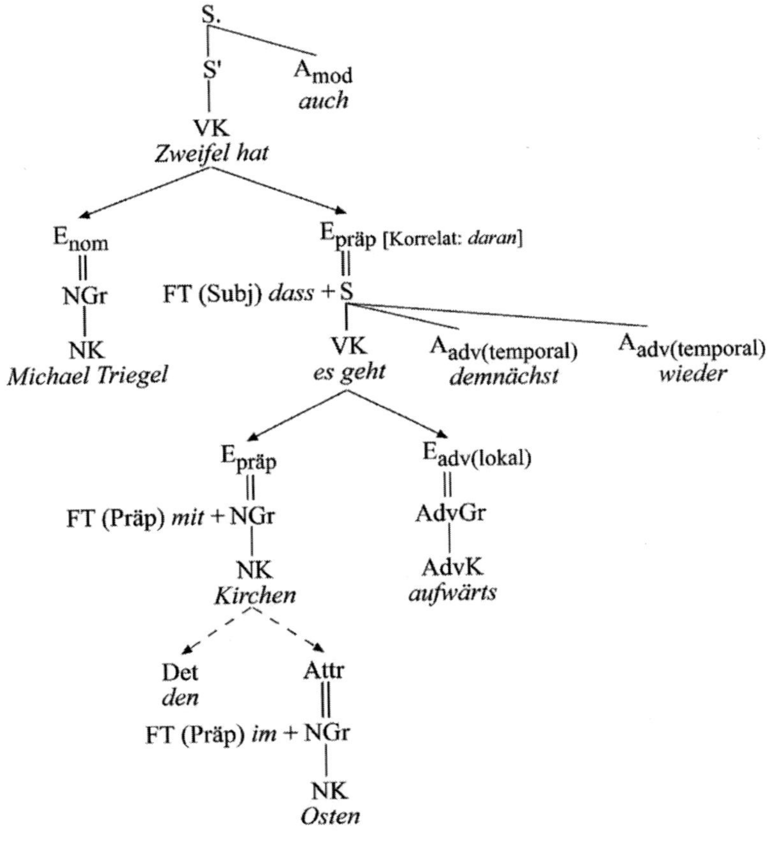

Abbildung 49: *Zweifel hat Michael Triegel auch daran, dass es mit den Kirchen im Osten demnächst wieder aufwärts geht.* (Satz 43)

Kommentare

Zweifel hat

Der verbale Kern ist komplex, da *Zweifel haben* ein Funktionsverbgefüge aus dem deverbalen Substantiv *Zweifel* und dem Funktionsverb *haben* ist, das dem einfachen Vollverb *zweifeln* entspricht (vgl. Fabricius-Hansen 2009: 418).

Michael Triegel
S. Satz 18.
auch
Als Modalitätsangabe interpretiert, s. Satz 3.
daran
Das Korrelat *daran* stützt den folgenden Nebensatz *dass … geht*. Im Baumgraph ist es deshalb beim Nebensatz in Klammern notiert (vgl. Gallmann 2009: 1054f.).
es geht
Es ist Scheinsubjekt des 2-wertigen Verbs in der Bedeutung ‘etwas entwickelt sich irgendwie’ (s. VALBU s. v. *es gehen*) und wird deshalb als Teil des verbalen Kerns dargestellt.
aufwärts
es geht mit jemandem aufwärts im DUW als idiomatische Wendung notiert.

2.44 Satz 44

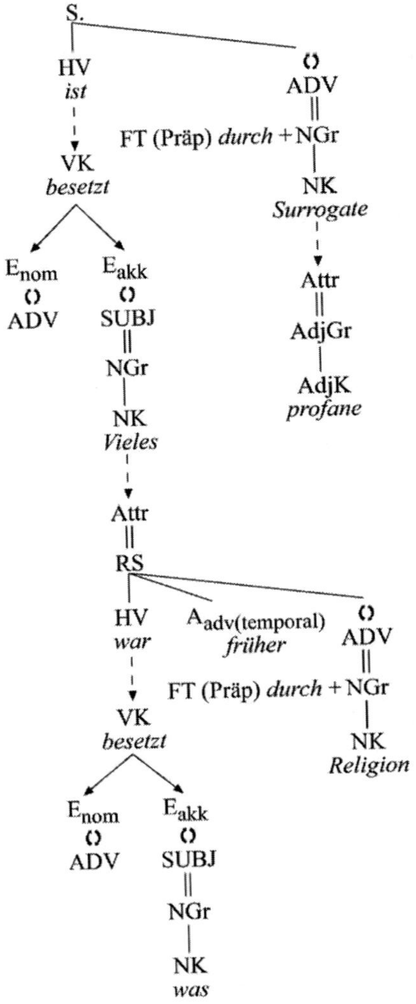

Abbildung 50: *„Vieles, was früher durch Religion besetzt war, ist durch profane Surrogate besetzt."* (Satz 44)

Kommentare

besetzt war/ist besetzt

Zustandspassiv (s. die allgemeinen Erklärungen zum Passiv in den Vorbemerkungen).

2.45 Satz 45

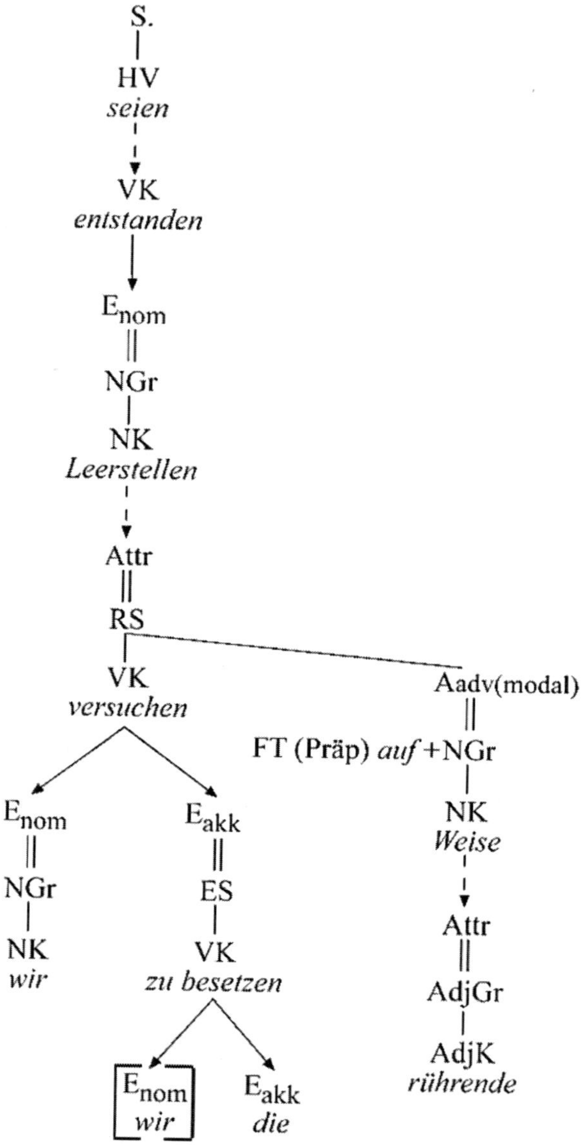

Abbildung 51: *Es seien „Leerstellen entstanden, die wir auf rührende Weise versuchen zu besetzen."* (Satz 45)

Kommentare

Es

Das *es* ist hier ein sog. Vorfeldplatzhalter bzw. Platzhalter (s. Gallmann 2009: 823). Da dieses *es* keine syntaktische Funktion aufweist, erscheint es nicht im Baumgraph.

zu besetzen

Zu besetzen ist eine satzwertige Infinitivphrase (vgl. Satz 36). Deshalb ist die Nominativergänzung *wir* nicht realisiert, jedoch aus dem Vorgängersatz zu erschließen.

2.46 Satz 46

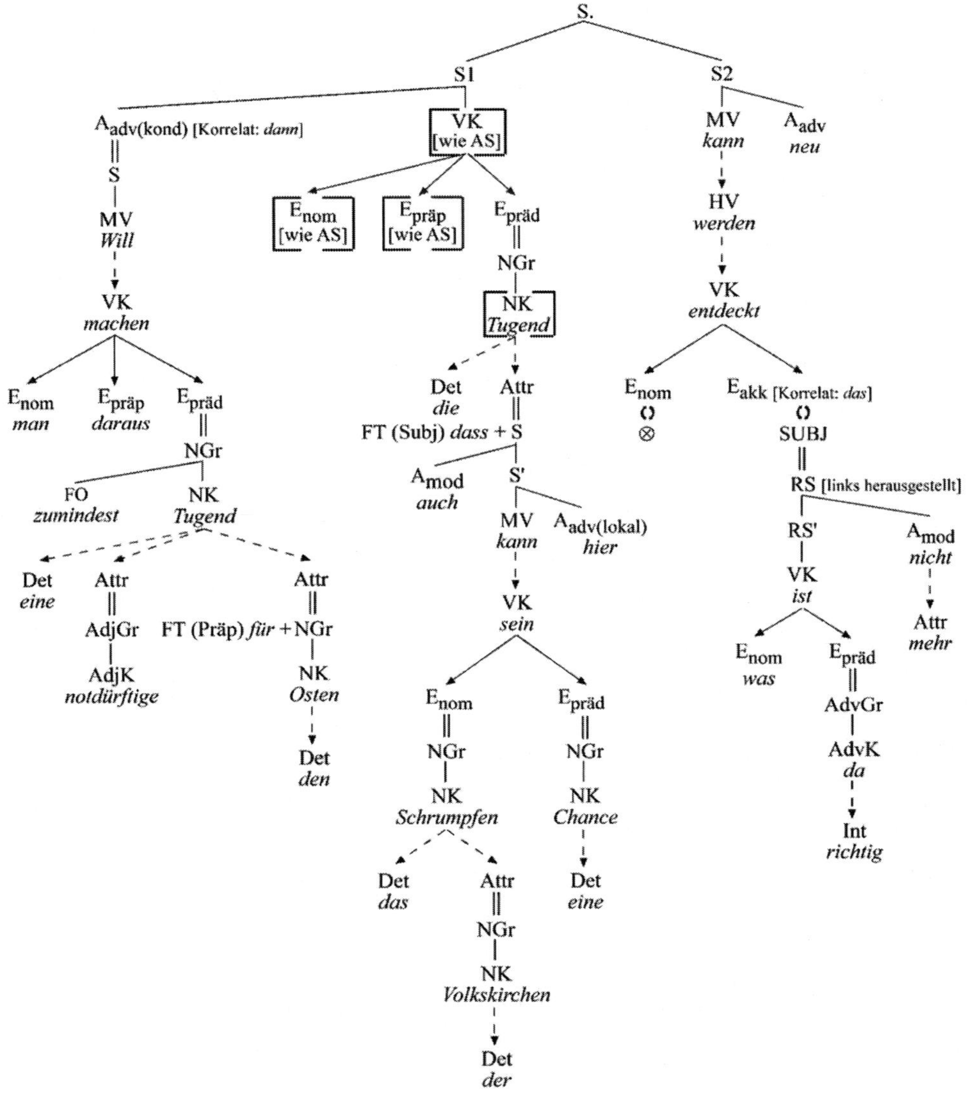

Abbildung 52: *Will man daraus zumindest eine notdürftige Tugend für den Osten machen, dann die, dass das Schrumpfen der Volkskirchen hier auch eine Chance sein kann: „Was nicht mehr richtig da ist, das kann neu entdeckt werden."* (Satz 46)

Kommentare

Ellipse

Der erste Satz *Will ... kann* der Satzreihe ist elliptisch, da im Hauptsatz (*dann die*) der vorerwähnte verbale Kern, die E_{nom} und die $E_{präd}$ fehlen: *Will man daraus zumindest eine notdürftige Tugend für den Osten machen, dann [macht man daraus] die, dass ... Will ... machen, dann...*

Der Nebensatz *Will ... machen* in VL-Stellung wird im elliptischen Hauptsatz *dann die* durch das Korrelat *dann* gestützt.[17] Alternativ wäre für *dann* auch eine Analyse als A_{adv} denkbar.

(*dann*) *die*

Zwar ist *die* allein als Pronomen analysierbar, das sich anaphorisch auf *Tugend* bezieht. Da sich darauf (und zwar auf *Tugend*) aber ein Attribut (in Form eines *dass*-Satzes) bezieht, ist es nicht unangemessen, *die* als Det zu einem elliptisch zu rekonstruierenden NK *Tugend* zu analysieren.

machen

Das Verb *machen* in der Bedeutung 'bewirken, dass aus etwas etwas wird' (s. VALBU s. v. *machen*) ist 3-wertig und fordert laut VALBU eine Nominativ-, eine Präpositional- und eine Akkusativergänzung: *Man macht aus den entstandenen Leerstellen eine Tugend.* Da jedoch damit *Leerstellen* zu einer *Tugend* werden, betrachten wir die dritte Leerstelle als Prädikativergänzung.

auch

Als Modalitätsangabe interpretiert, s. Satz 3.

hier

Sowohl die Satzbedeutung als auch die Umstell- und Ersatzprobe erlauben es, *hier* als einzelnes Satzglied (wie im Baumgraph) oder als adverbiales Attribut zum nominalen Kern *Volkskirchen* zu behandeln.

da

Da drückt eine Qualität zu *Was* aus, keinen Ort. Dementsprechend liegt hier eine Prädikativergänzung vor (keine Adverbialergänzung), deren Grad durch den Intensivierer *richtig* angegeben wird.

das

Das Pronomen *das* nimmt den vorausgehenden Relativsatz *was nicht mehr richtig da ist* wieder auf. Es handelt sich somit um ein Korrelat, der Nebensatz ist links herausgestellt, er steht im Vorvorfeld (vgl. Gallmann 2009: 1056), das Korrelat im Vorfeld.

entdeckt werden

Vorgangspassiv (s. die allgemeinen Erklärungen zum Passiv in den Vorbemerkungen).

---

17 „Konditionale [...] Konnektoren codieren einen gedachten *wenn-dann*-Zusammenhang zwischen zwei Aussagen. [...] Als Korrelat zur Subjunktion steht neben *dann* auch *so*.“ (Gallmann 2009: 1082f.)

2.47 Satz 47

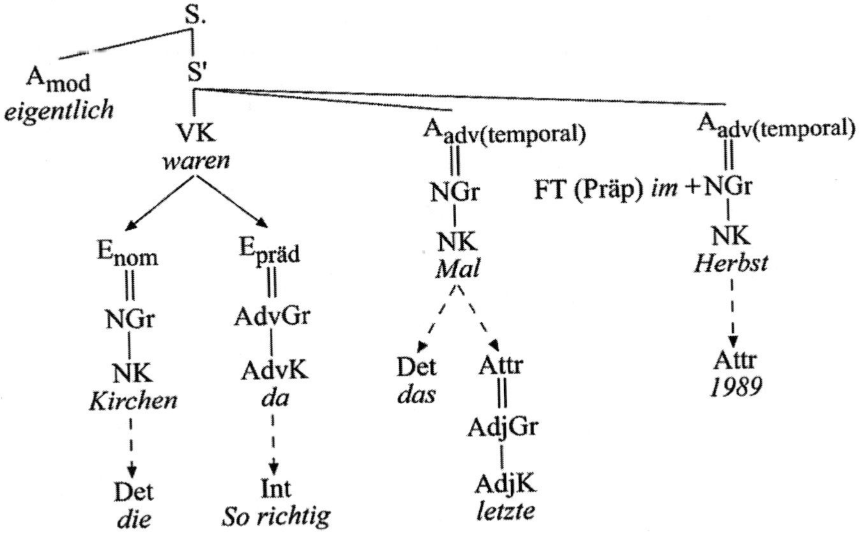

Abbildung 53: *So richtig da waren die Kirchen das letzte Mal eigentlich im Herbst 1989.* (Satz 47)

Kommentare

eigentlich

Eigentlich hat hier die Bedeutung ‘genau genommen’ (s. DUW s. v. *eigentlich*). Syntaktisch handelt es sich um eine Modalitätsangabe.

so richtig

So richtig drückt in dieser Kombination einen Grad zu *da* aus, deswegen wird es im Baumgraph als ein Intensivierer dargestellt.

2.48 Satz 48

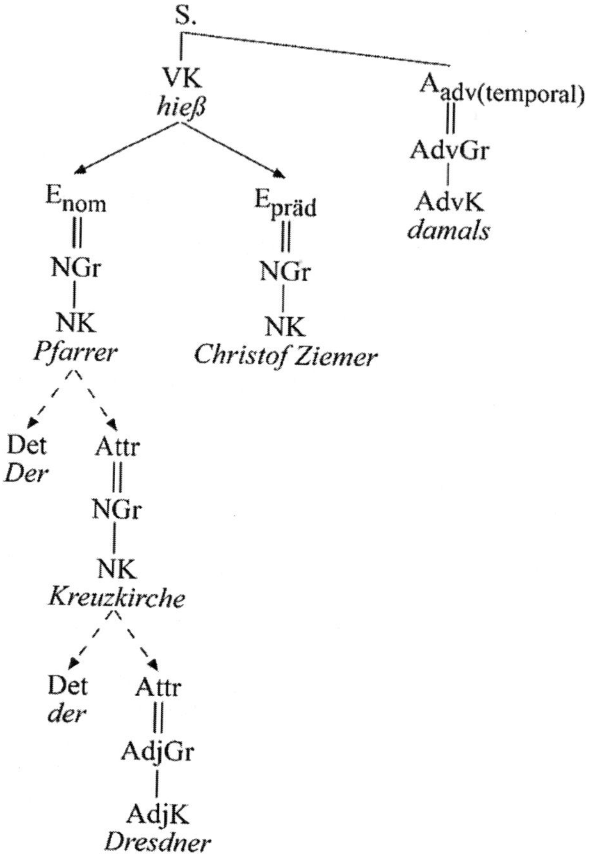

Abbildung 54: *Der Pfarrer der Dresdner Kreuzkirche hieß damals Christof Ziemer.* (Satz 48)

Kommentare

Christof Ziemer

Mehrteiliger Eigenname (vgl. *Michael Triegel* Satz 18).

Dresdner Kreuzkirche

Im Baumgraph ist *Dresdner* als adjektivisches Attribut zu *Kreuzkirche* dargestellt (zu detoponymischen subst. Bewohnerbezeichnungen s. Satz 5), da *Dresdner Kreuzkirche* nicht ein fester mehrteiliger Name wie z. B. *Weißes Haus* oder *Dresdner Stollen* ist.

2.49 Satz 49

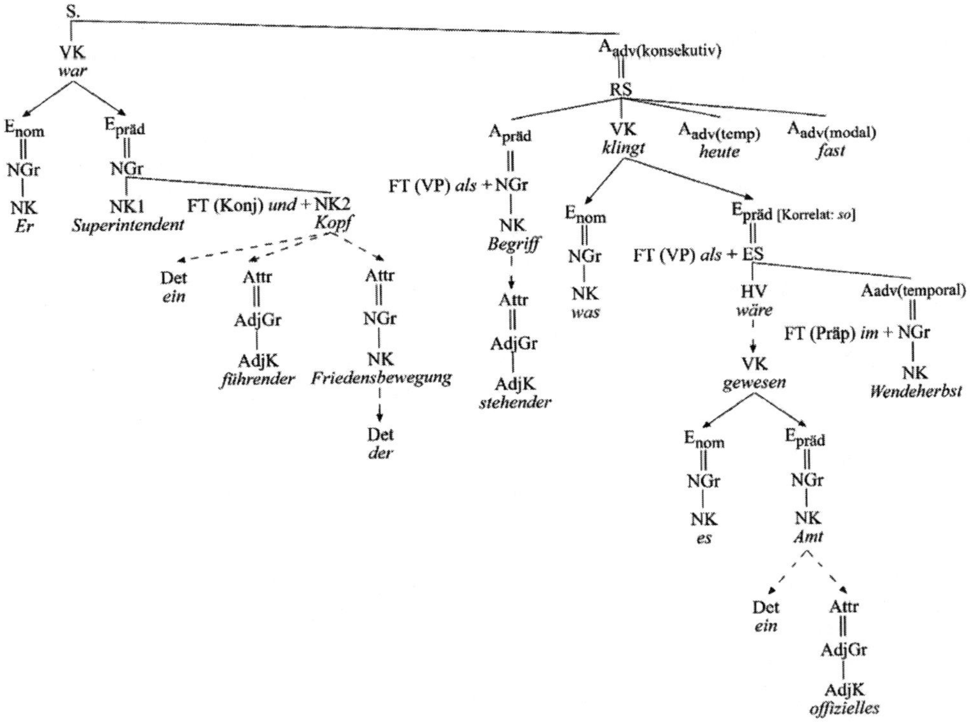

Abbildung 55: *Er war Superintendent und ein führender Kopf der Friedensbewegung, was als stehender Begriff heute fast so klingt, als wäre es im Wendeherbst ein offizielles Amt gewesen.* (Satz 49)

Kommentare

was .... klingt

Das Relativpronomen *was* bezieht sich auf *ein führender Kopf der Friedensbewegung sein*. Deshalb wird der Nebensatz als Satzrelativsatz in der Funktion einer Adverbialangabe im Baumgraph dargestellt. Man könnte den Nebensatz aber auch als Attributsatz zum nominalen Kern *Kopf* interpretieren.

als stehender Begriff

Dieses Satzglied ist nicht von der Valenz des Verbs *klingen* abhängig ('etwas klingt irgendwie'). Da es eine Ist-Beziehung zum Pronomen *was* angibt, handelt es sich um eine Prädikativangabe: *Was* (= *ein führender Kopf der Friedensbewegung sein*) ist ein *stehender Begriff*.

so

Hierbei handelt es sich um ein Korrelat für den Nebensatz *als … gewesen*.

als wäre … gewesen

Von der vergleichenden Subjunktion *als ob* (vgl. Gallmann 2009: 630) ist hier nur der erste Teil, d. h. die Vergleichspartikel *als* realisiert, deswegen liegt hier ein Nebensatz mit Verberststellung vor.[18]

2.50 Satz 50

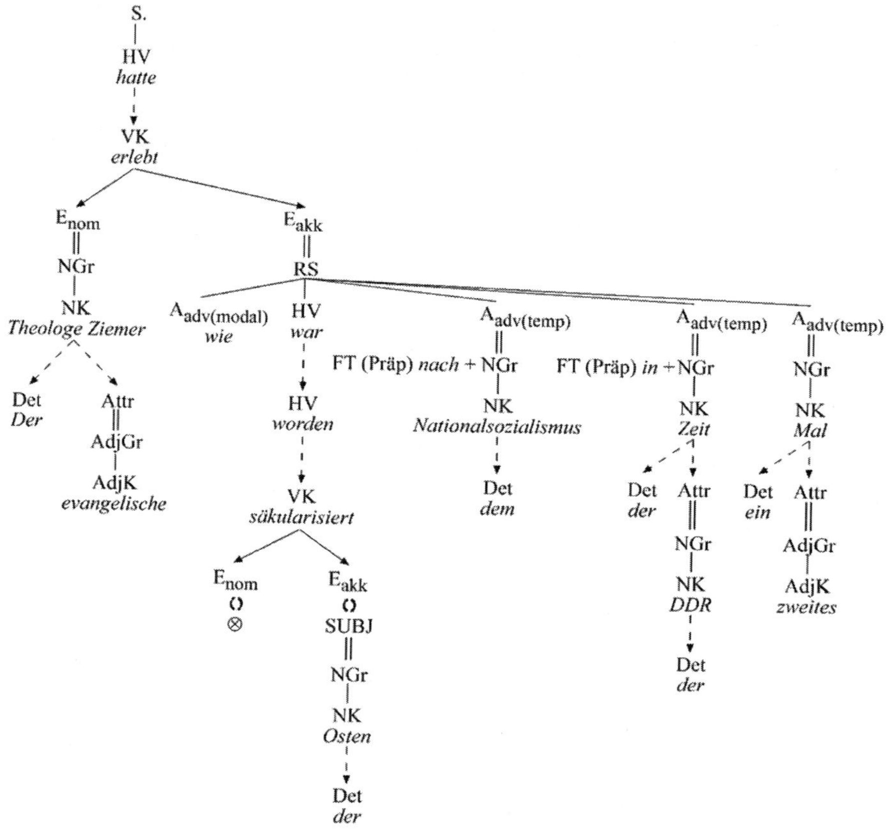

Abbildung 56: *Der evangelische Theologe Ziemer hatte erlebt, wie der Osten nach dem Nationalsozialismus in der Zeit der DDR ein zweites Mal säkularisiert worden war.* (Satz 50)

Kommentare

Theologe Ziemer

Hier liegt eine explikative Apposition vor. Der komplexe Phrasenkern besteht aus einer Gattungsbezeichnung mit dem bestimmten Artikel (*der Theologe*) gefolgt von einem

---

18 „Zu den vergleichenden Relativsätzen kann man auch Nebensätze mit *als* rechnen, in denen das Verb unmittelbar auf die Subjunktion folgt (Verberstnebensatz). Solche Nebensätze stehen standardsprachlich in freier Variation mit Verbletztsätzen, die mit *als ob, wie wenn* oder *als wenn* eingeleitet sind.“ (Gallmann 2009: 1041)

Eigennamen (*Ziemer*). Hauptkern ist die Gattungsbezeichnung, appositiver Nebenkern ist der Eigenname (vgl. Satz 30).

säkularisiert worden war

Vorgangspassiv (s. die allgemeinen Erklärungen zum Passiv in den Vorbemerkungen).

2.51 Satz 51

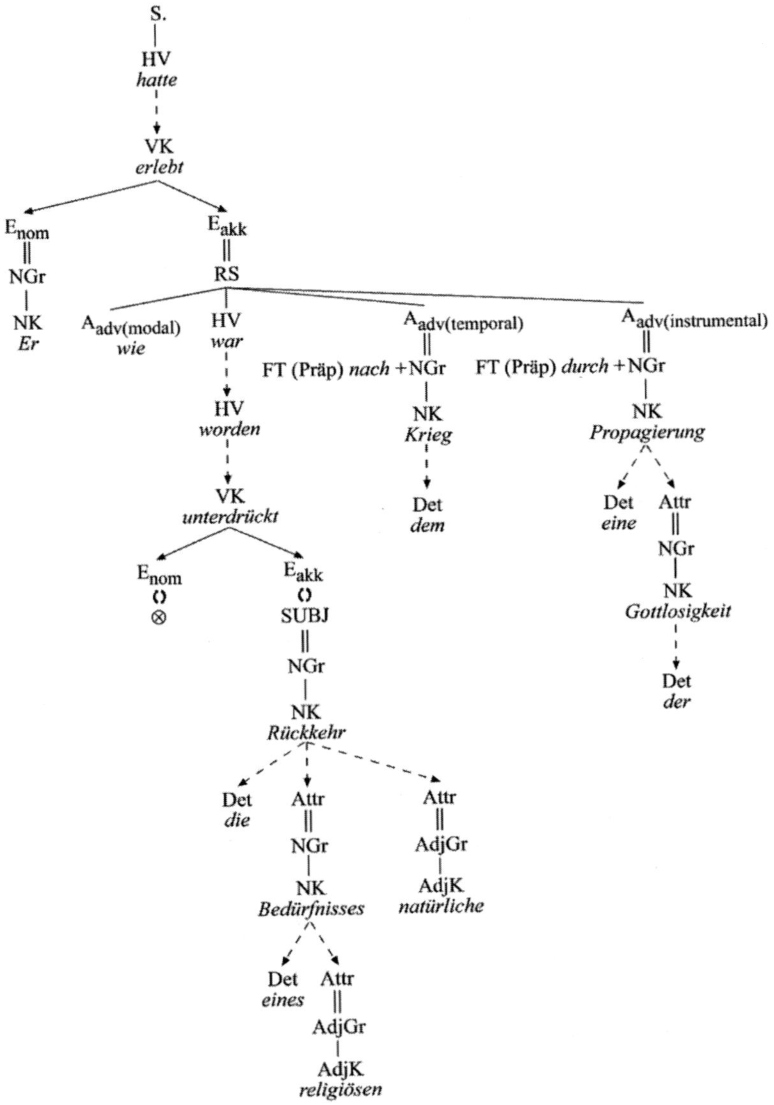

Abbildung 57: *Er hatte erlebt, wie „die natürliche Rückkehr eines religiösen Bedürfnisses" nach dem Krieg durch eine „Propagierung der Gottlosigkeit" unterdrückt worden war.* (Satz 51)

Kommentare

unterdrückt worden war

Vorgangspassiv (s. die allgemeinen Erklärungen zum Passiv in den Vorbemerkungen).

durch eine Propagierung der Gottlosigkeit

Diese Präpositionalphrase stellt nicht das Agens zum Verb *unterdrücken* dar, sondern ist das Instrument, mit dessen Hilfe die Unterdrückung des Religionsbedürfnisses erreicht wird: *Man hatte die Rückkehr eines religiösen Bedürfnisses durch eine Propagierung der Gottlosigkeit unterdrückt.*

2.52 Satz 52

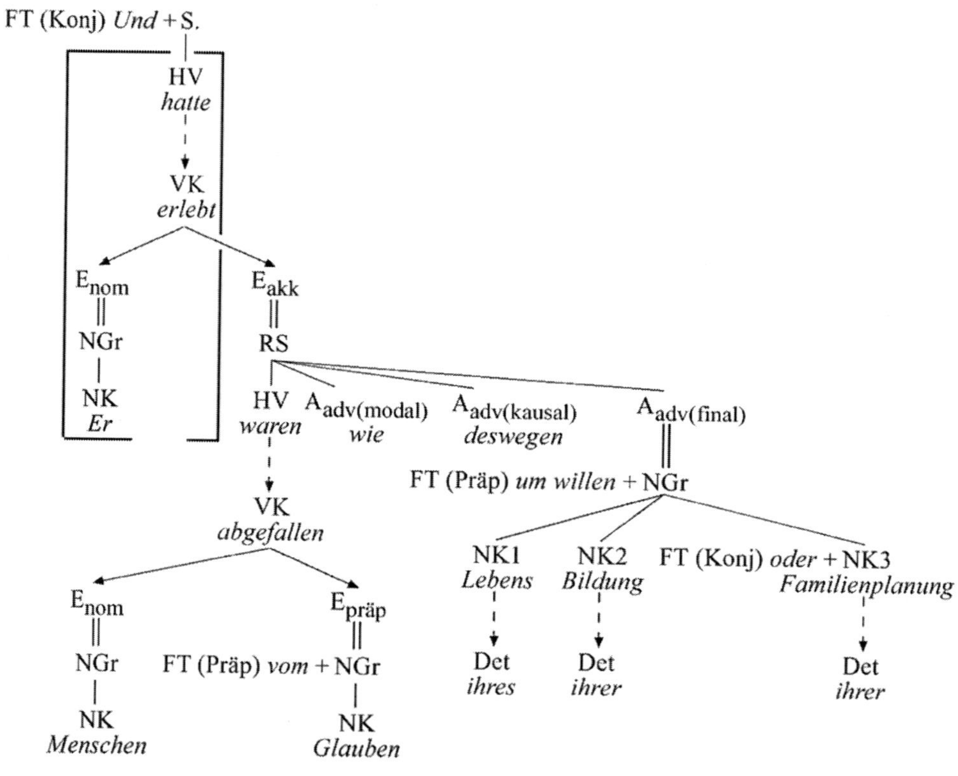

Abbildung 58: *Und wie Menschen deswegen vom Glauben abgefallen waren, „um ihres Lebens, ihrer Bildung oder ihrer Familienplanung willen“.* (Satz 52)

Kommentare

Ellipse

Der Satz ist elliptisch, aus dem Kontext wird der Hauptsatz von Satz 51 ergänzt: *Und [er hatte erlebt] wie Menschen … willen.*

deswegen

Das Pro-Adverb *deswegen* kann unterschiedlich interpretiert werden. Anaphorisch kann *deswegen* auf den vorherigen Satz verweisen (z. B. *Wegen der Propagierung der*

Gottlosigkeit waren Menschen vom Glauben abgefallen, um … willen), es ist dann eine kausale Adverbialangabe. *Um … willen* im Nachfeld kann als finale Adverbialangabe betrachtet werden (diese Lösung bietet der Baumgraph). Alternativ kann man *deswegen* auch als Korrelat, das auf das ausgeklammerte Satzglied *um … willen* vorverweist, interpretieren. Es liegt dann nur eine kausale oder finale Adverbialangabe vor.

abfallen

Abfallen ist hier übertragen gebraucht in der Bedeutung ‘abtrünnig werden’ (s. DUW s. v. *abfallen*). Deswegen regiert das 2-wertige Verb neben einer Nominativergänzung eine Präpositionalergänzung *vom Glauben*.

um willen

Hierbei handelt es sich um eine zweiteilige Präposition[19].

2.53 Satz 53

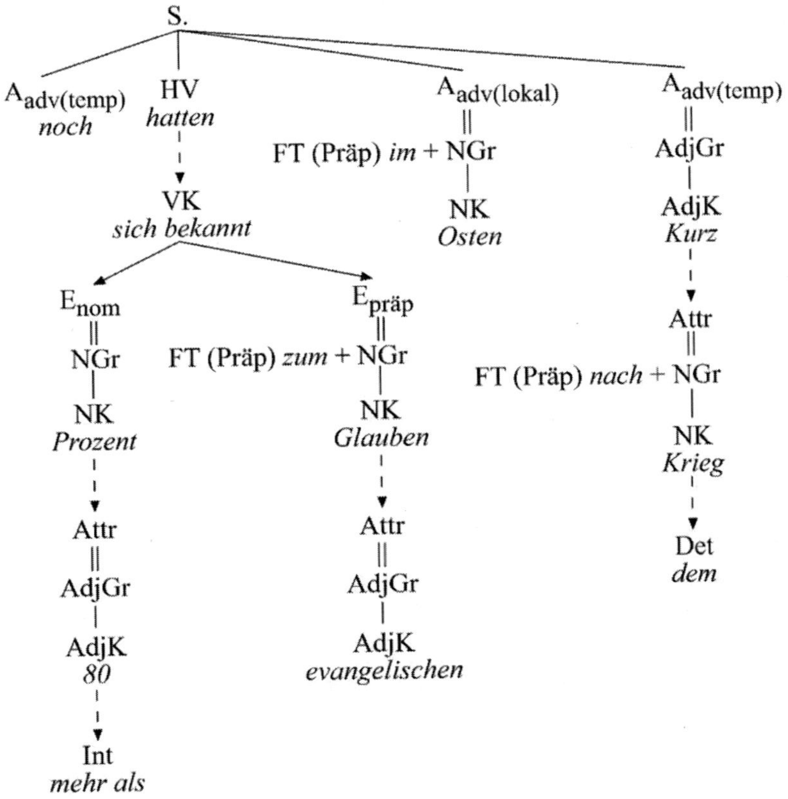

Abbildung 59: *Kurz nach dem Krieg hatten sich im Osten noch mehr als 80 Prozent zum evangelischen Glauben bekannt.* (Satz 53)

19 „Präpositionen stehen […] in der Regel vor ihrer Ergänzung. Nur selten stehen sie dahinter (Postposition) oder rahmen sie ein (Zirkumposition).“ (Gallmann 2009: 603)

Kommentare

Kurz

Das Adjektiv *kurz* mit temporaler Bedeutung regiert ein präpositional gefügtes Attribut, weshalb wir es als Kern der Gruppe *Kurz nach dem Krieg* ansehen. Möglicherweise ließe sich auch daran denken, *kurz* als eine Art Intensivierer für die präpositional gefügte Nominalgruppe zu betrachten. Dann entsteht aber das Problem, dass *kurz* eher auf *nach* als auf die gesamte Gruppe bezogen ist und somit in einer syntaktischen Relation zu *nach* stehen müsste.

mehr als

Mehr als ist ein komplexer Intensivierer, s. Satz 14.

noch

Die Verschiebeprobe und Ersatzprobe zeigen, dass *noch* als einzelnes Satzglied oder als Satzgliedteil interpretiert werden kann: *Noch mehr als 80 Prozent/Viele hatten sich kurz nach dem Krieg im Osten zum evangelischen Glauben bekannt.* bzw. *Mehr als 80 Prozent hatten sich kurz nach dem Krieg im Osten noch zum evangelischen Glauben bekannt.* Als Satzglied ist *noch* eine temporale Adverbialangabe (s. Baumgraph), als Satzgliedteil verstärkt *noch* den Intensivierer *mehr als*.

2.54 Satz 54

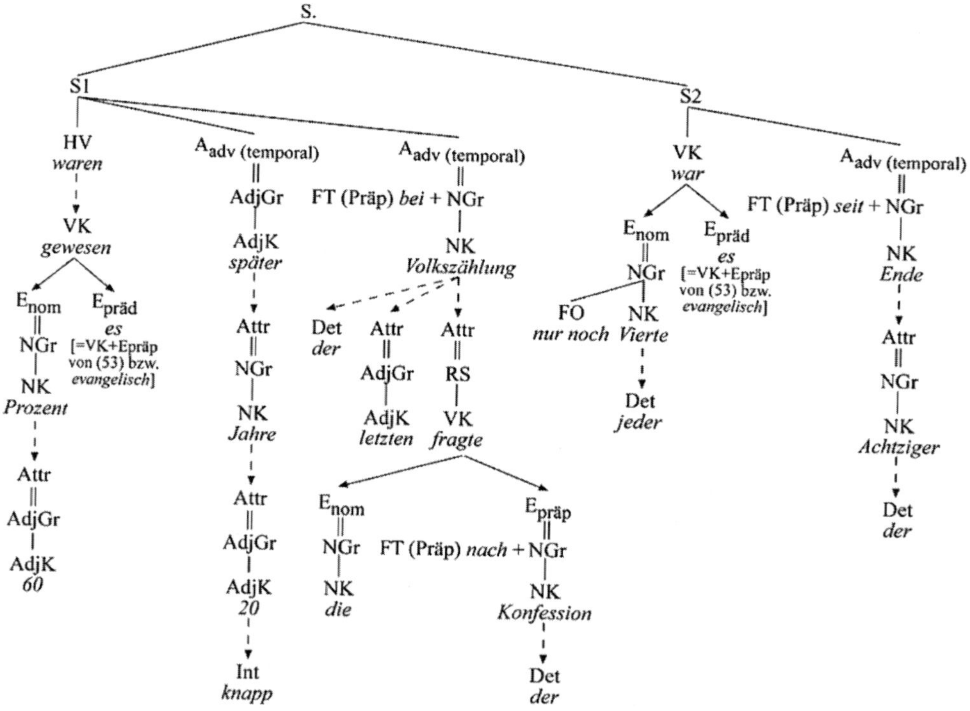

Abbildung 60: *Knapp 20 Jahre später, bei der letzten Volkszählung, die nach der Konfession fragte, waren es 60 Prozent gewesen, seit Ende der Achtziger war es nur noch jeder Vierte.* (Satz 54)

Kommentare

Knapp 20 Jahre später, bei der letzten Volkszählung, die nach der Konfession fragte

Hier gibt es zwei Möglichkeiten: *Knapp 20 Jahre später* und *bei der letzten Volkszählung, die nach der Konfession fragte* können als zwei Satzglieder gesehen werden (zwei temporale Adverbialangaben). Da beide Satzglieder im Vorfeld stehen, liegt hier eine mehrfache Vorfeldbesetzung vor.[20] Alternativ kann *bei der letzten Volkszählung, die …. fragte* auch als Präzisierung zu *knapp 20 Jahre später* betrachtet werden, es handelte sich dann um ein Attribut zum adjektivischen Kern *später*.

es

Das Pronomen *es* greift hier anaphorisch 'sich zum evangelischen Glauben bekennend' aus Satz 53 auf.

2.55 Satz 55

Abbildung 61: *Katholiken?* (Satz 55)

20 „Im Allgemeinen kann das Vorfeld nur von einer einzigen Phrase besetzt werden. […] Die Besetzung mit zwei eigenständigen Phrasen ist allerdings nicht gänzlich ausgeschlossen. […] Variationen wie die folgenden legen für die Versionen in (a) die doppelte Besetzung des Vorfelds nahe: (a) *[Am Freitag] [um 16.15 Uhr] findet die abschließende Podiumsdiskussion statt.* (b) *[Am Freitag] findet [um 16.15 Uhr] die abschließende Podiumsdiskussion statt.* (c) *[Um 16.15 Uhr] findet [am Freitag] die abschließende Podiumsdiskussion statt.* […] Im Gegensatz zu den vorangehenden gezeigten Konstruktionen kann hier aber auch Einbettung vorliegen: *[Am Freitag [um 16.15 Uhr]] findet …*" (Gallmann 2009: 883f.)

2.56 Satz 56

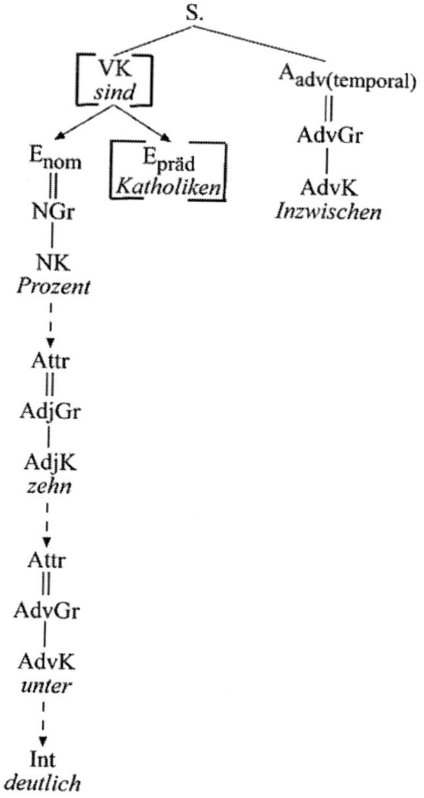

Abbildung 62: *Inzwischen deutlich unter zehn Prozent.* (Satz 56)

Kommentare

Ellipse

Der Satz ist elliptisch, aus dem Kontext (s. Satz 55) wird ergänzt: *Inzwischen [sind] deutlich unter zehn Prozent [Katholiken].*

unter

Die Wortart von *unter* in diesem Satz wird unterschiedlich beurteilt. Das DUW bezeichnet *unter* in der Bedeutung 'weniger als' als Adverb (s. DUW s. v. unter). Gallmann führt es in gleicher Bedeutung bei den Gradpartikeln auf. [21] Da die Gradpartikel *deutlich* hier eindeutig von *unter* regiert wird, betrachten wir *unter* als adverbialen Kern.

---

21 „Gleiches [Die Tatsache, dass es sich um eine Gradpartikel handelt; d. Verf.] gilt auch für *gegen* ›ungefähr‹, *an die, um die* ›fast‹, *über* ›mehr als‹ und *unter* ›weniger als‹, sofern sie streichbar sind, .d.h. der Satz ohne sie nicht ungrammatisch würde. Da sie keinen Kasus fordern, handelt es sich auch hier um Partikeln. Der Kasus wird vom Verb regiert." (Gallmann 2009: 614) „Manche Partikeln können Zahlwörter näher bestimmen […]. Einige davon sind aus Präpositionen entstanden, fordern hier aber keinen Kasus mehr. […] *Es kamen [[[gegen / über / bis zu] hundert] Leute].*" (Gallmann 2009: 836)

2.57 Satz 57

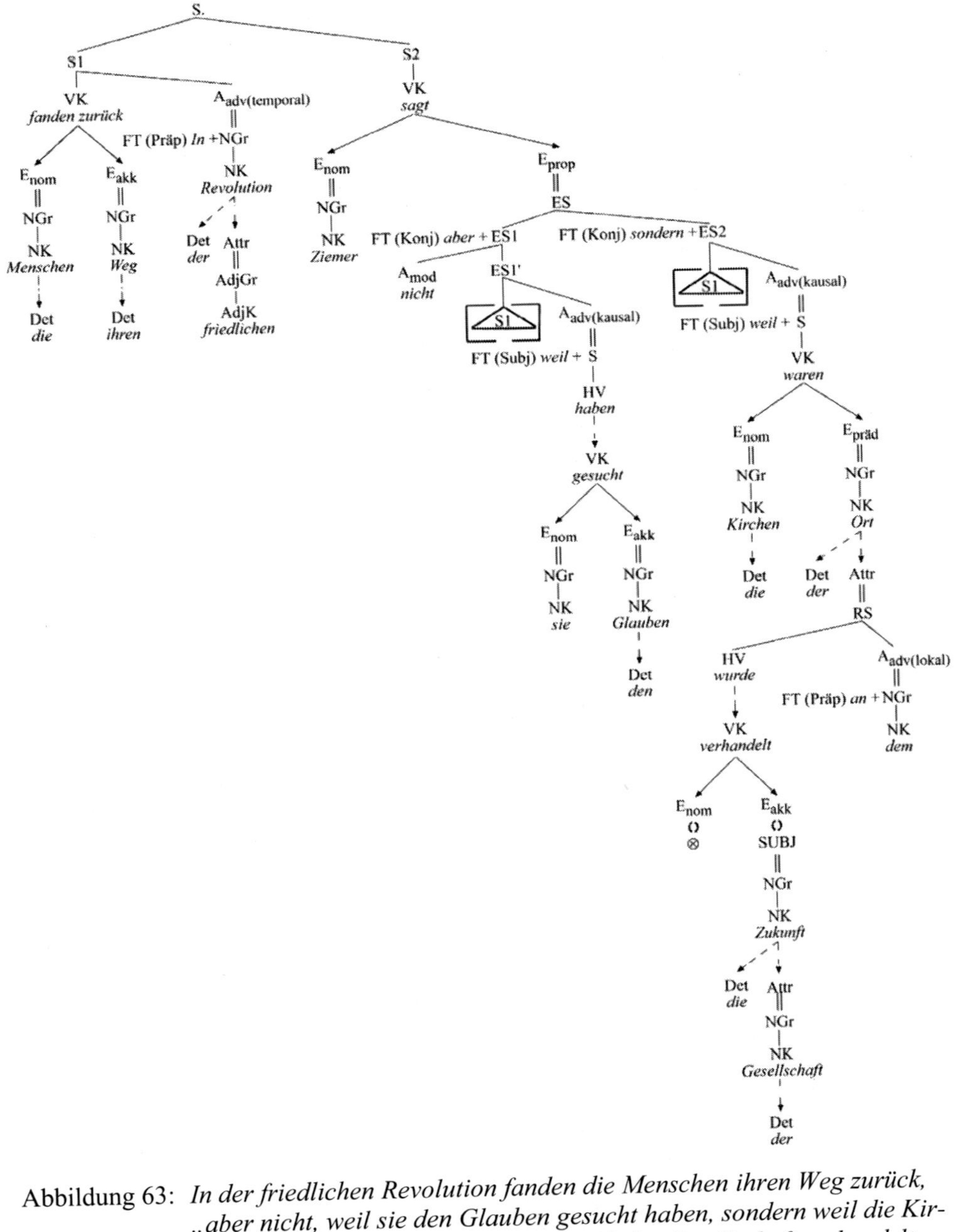

Abbildung 63: *In der friedlichen Revolution fanden die Menschen ihren Weg zurück, „aber nicht, weil sie den Glauben gesucht haben, sondern weil die Kirchen der Ort waren, an dem die Zukunft der Gesellschaft verhandelt wurde", sagt Ziemer.* (Satz 57)

Kommentare

Ellipse

Die Ergänzungssätze zum verbalen Kern *sagen* in S2 sind elliptisch, aus dem Kontext wird S1 ergänzt: *In der friedlichen Revolution fanden die Menschen ihren Weg zurück, „aber [sie fanden ihren Weg] nicht [zurück], weil sie den Glauben gesucht haben, sondern [sie fanden ihren Weg zurück,] weil die Kirchen der Ort waren, an dem die Zukunft der Gesellschaft verhandelt wurde", sagt Ziemer.*

verhandelt wurde

Vorgangspassiv (s. die allgemeinen Erklärungen zum Passiv in den Vorbemerkungen).

2.58 Satz 58

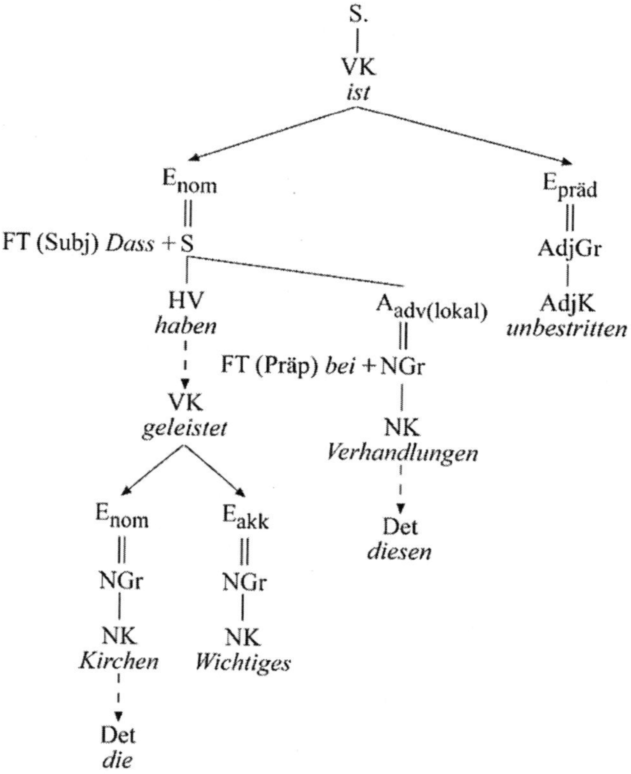

Abbildung 64: *Dass die Kirchen bei diesen Verhandlungen Wichtiges geleistet haben, ist unbestritten.* (Satz 58)

Kommentare

ist unbestritten

In *unbestritten* ist das Partizip II von *bestreiten* zwar deutlich erkennbar, das Präfix *un-*, das Adjektive und Substantive negiert, weist aber darauf hin, dass hier das Adjektiv *unbestritten* vorliegt. Deshalb kann man diese Konstruktion nicht mehr ohne Weiteres als Zustandspassiv interpretieren (vgl. Satz 7).

2.59 Satz 59

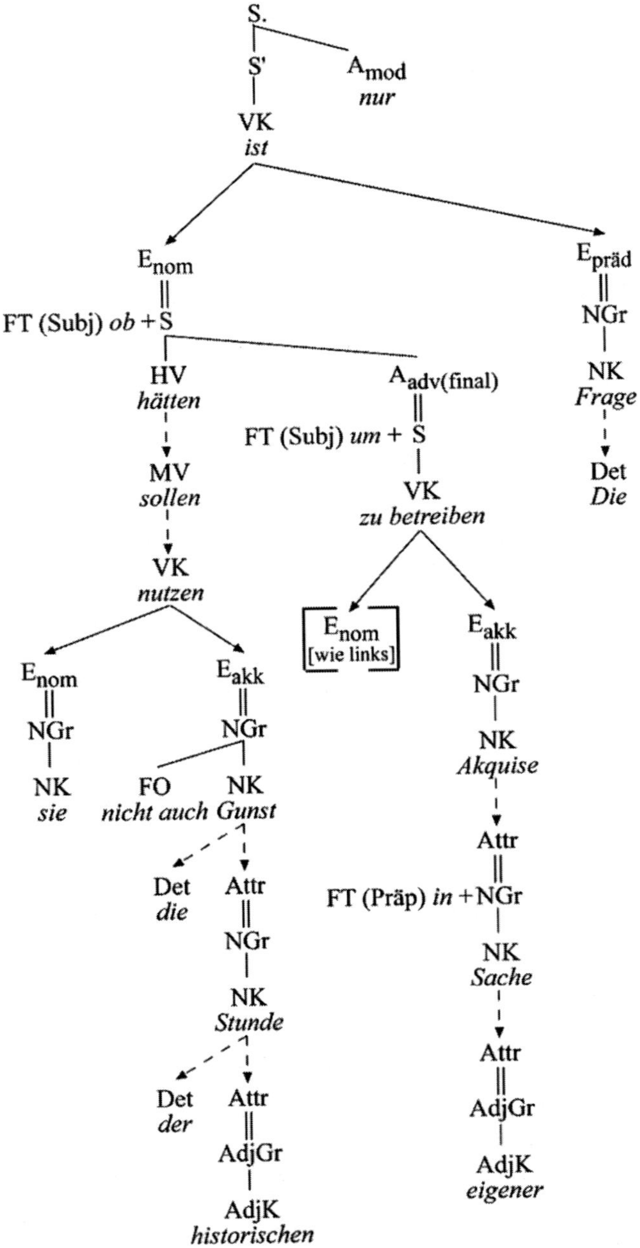

Abbildung 65: *Die Frage ist nur, ob sie nicht auch die Gunst der historischen Stunde hätten nutzen sollen, um Akquise in eigener Sache zu betreiben.* (Satz 59)

Kommentare

nur

Als Modalitätsangabe interpretiert, vgl. *auch* in Satz 3.

Die Frage ist

Hier liegt das Problem darin, zu bestimmen, welches Satzglied die Nominativergänzung und welches die Prädikativergänzung des verbalen Kerns *sein* ist. Die Infinitivprobe und der Test mit *gelten als*[22] führen dazu, dass *Die Frage* als Prädikativergänzung und der Nebensatz als Subjektsatz angesehen wird: *Nur, ob sie diese Gunst nutzen sollen, gilt als interessante Frage* (Test mit *gelten als*) bzw. ... *die Frage sein* (Infinitivprobe).

um ... zu betreiben

In dem mit der Subjunktion *um* eingeleiteten Nebensatz ist die Nominativergänzung wegen des Infinitivs nicht realisiert, aus dem Kontext ist *sie* als Nominativergänzung zu erschließen (vgl. Satz 36).

Akquise betreiben

Akquise betreiben wird hier nicht als Funktionsverbgefüge in der Bedeutung 'akquirieren' interpretiert, da der nominale Kern *Akquise* attribuiert ist.[23]

22 Die Infinitivprobe besteht darin, dass das Kopulaverb des Satzes in den Infinitiv gesetzt wird. Dabei fällt in der Regel ein Satzglied weg. Und dieses ist das Subjekt. Zu der Probe mit *gelten als*: „Zuweilen ist nicht klar, ob eine Nominalphrase im Nominativ als Subjekt oder als prädikativer Nominativ zu bestimmen ist [...]. Hier kann es hilfreich sein, das Verb durch eines zu ersetzen, bei dem das Prädikativ mit *als* gekennzeichnet ist [...], z.B. *gelten*; [...] Von diesem Satz kann man dann auf den Ausgangssatz schließen." (Gallmann 2009: 813)

23 „Der nominale Teil [eines Funktionsverbgefüges; d. Verf.] lässt sich nicht frei durch Attribute erweitern. Ihr Drama wird erneut zur Aufführung kommen. - *Ihr Drama wird zur erneuten / zu erneuter / zu einer erneuten Aufführung kommen." (Fabricius-Hansen 2009: 418f.)

2.60 Satz 60

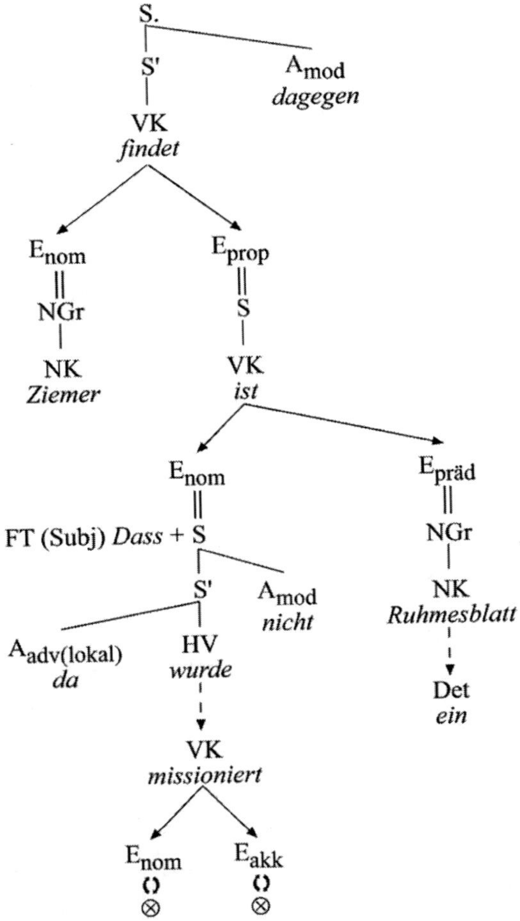

Abbildung 66: *„Dass da nicht missioniert wurde, ist ein Ruhmesblatt“, findet dagegen Ziemer.* (Satz 60)

Kommentare

da

Zur Semantik der Adverbialangabe *da* s. die Bemerkungen im Kommentar zu Satz 17.

missioniert wurde

Vorgangspassiv: Hier liegt ein sog. unpersönliches Passiv vor, der Nebensatz *Dass da nicht missioniert wurde* ist subjektlos.[24] (Vgl. zum Vorgangspassiv ansonsten die allgemeinen Erklärungen zum Passiv in den Vorbemerkungen).

---

24 Vgl. Fabricius-Hansen 2009: 544.

2.61 Satz 61

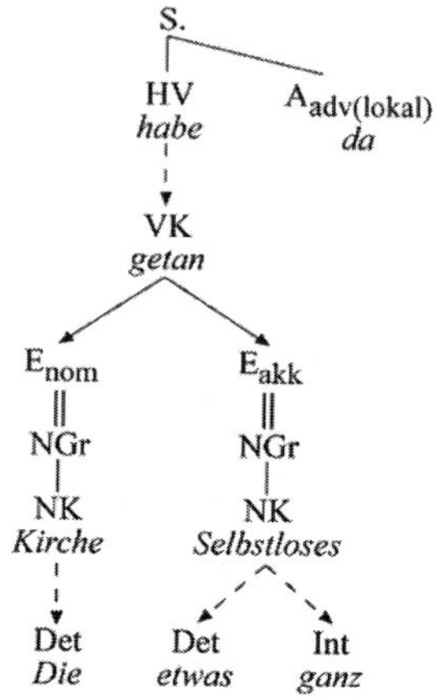

Abbildung 67: *Die Kirche habe da „etwas ganz Selbstloses getan.* (Satz 61)

Kommentare

da

Zur Semantik der Adverbialangabe *da* s. die Bemerkungen im Kommentar zu Satz 17.

2.62 Satz 62

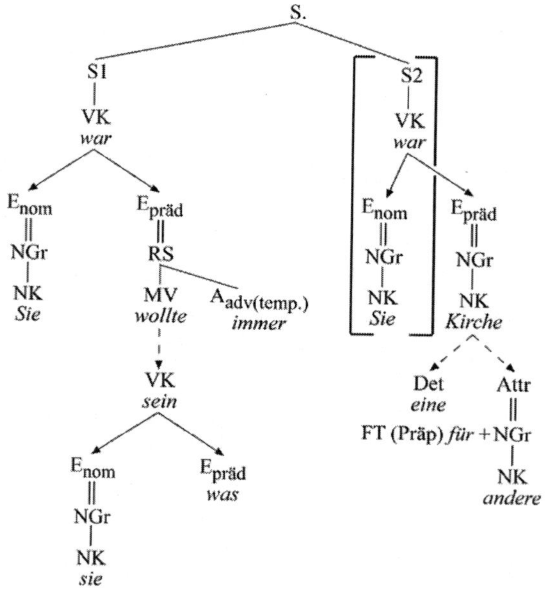

Abbildung 68: *Sie war, was sie immer sein wollte: eine Kirche für andere.“* (Satz 62)

Kommentare

Ellipse

Bei dieser Satzreihe ist die Nominativergänzung und der verbale Kern nur im ersten Satz realisiert (sog. zusammengezogener Satz, s. Gallmann 2009: 1024): *Sie war, was sie immer sein wollte: [sie war] eine Kirche für andere.*

2.63 Satz 63

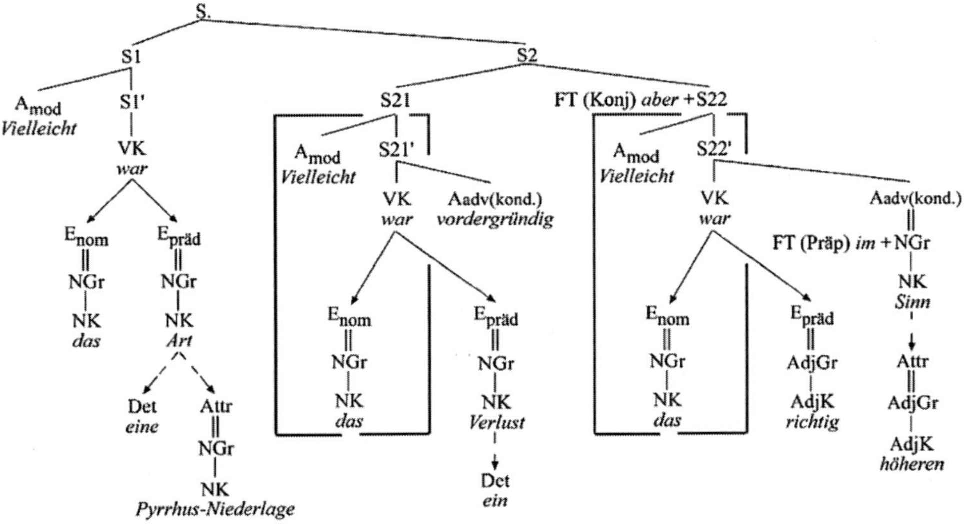

Abbildung 69: *Vielleicht war das eine Art Pyrrhus-Niederlage, vordergründig ein Verlust, aber im höheren Sinn richtig.* (Satz 63)

Kommentare

Ellipse

Hier liegt eine Ellipse vor, die für den Baumgraph aus dem Kontext folgendermaßen ‚aufgelöst' wurde: *Vielleicht war das eine Art Pyrrhus-Niederlage, [vielleicht war das] vordergründig ein Verlust, aber [vielleicht war das] im höheren Sinn richtig.* Daraus ergibt sich die Satzreihe aus drei Sätzen, wobei die Konjunktion *aber* nur einen Gegensatz zwischen *vordergründig ein Verlust* und *im höheren Sinne richtig* herstellt. Dies spiegelt im Baumgraph die Aufteilung in S1 und S2, der wiederum aus S21 und S22 besteht, wider.

2.64 Satz 64

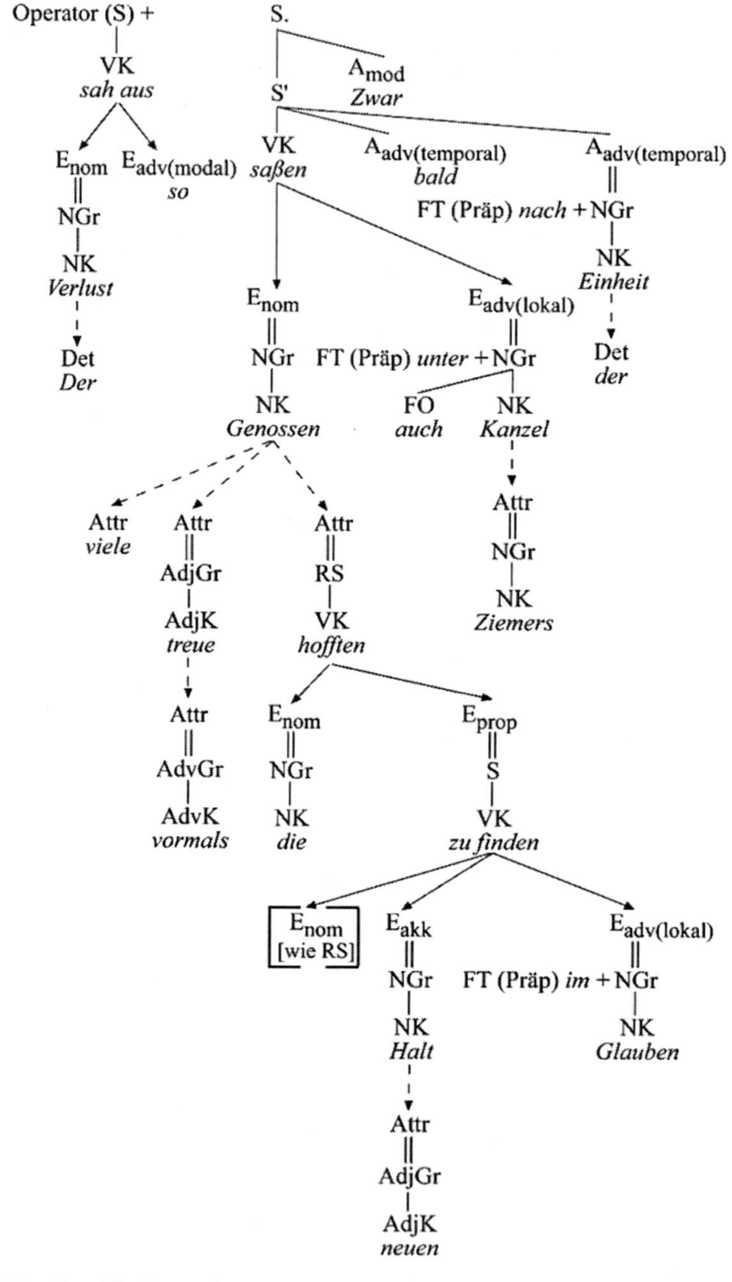

Abbildung 70: *Der Verlust sah so aus: Zwar saßen nach der Einheit auch unter Ziemers Kanzel bald viele vormals treue Genossen, die im Glauben neuen Halt zu finden hofften.* (Satz 64)

Kommentare

Der Verlust sah so aus

Wir verstehen diesen Satz als Operator in einer Operator-Skopus-Struktur (vgl. Satz 10). Der Skopus ist der nachfolgende komplexe Satz *Zwar saßen … finden hofften.* Der Operator steht im Vorvorfeld des Skopus und übernimmt somit keine syntaktische Funktion im komplexen Satz. Deshalb die Schreibweise im Baumgraph: Operator (S) + S.

finden

finden wird als 3-wertig betrachtet: 'jemand findet etwas in etwas' (vgl. VALBU s. v. *finden*). Zwar ist *im Glauben* nur übertragen lokal zu verstehen, das berührt aber die Analyse als lokale Adverbialergänzung nicht (vgl. auch Satz 27).

Halt finden

Es liegt kein komplexer verbaler Kern vor. Als Verbindung dürfte *Halt* nicht attribuierbar sein. Hier steht jedoch das Attribut *neuen* (zum Vergleich die idiomatische Wendung *Halt machen*: *Wir haben erneut Halt gemacht* – ?*Wir haben erneuten Halt gemacht*).

zu finden

Die Infinitivphrase *im Glauben neuen Halt zu finden* ist nebensatzwertig (Umformulierung in einen Nebensatz mit finitem Verb: *…, die hofften, dass sie im Glauben neuen Halt finden*). Die nebensatzwertige Infinitivphrase ist die Propositionalergänzung zum verbalen Kern *hoffen*. Die Nominativergänzung ist wegen der Infinitivphrase nicht realisiert, aus dem Kontext ist die Nominativergänzung des verbalen Kerns *hoffen* zu ergänzen (vgl. Satz 36).

2.65 Satz 65

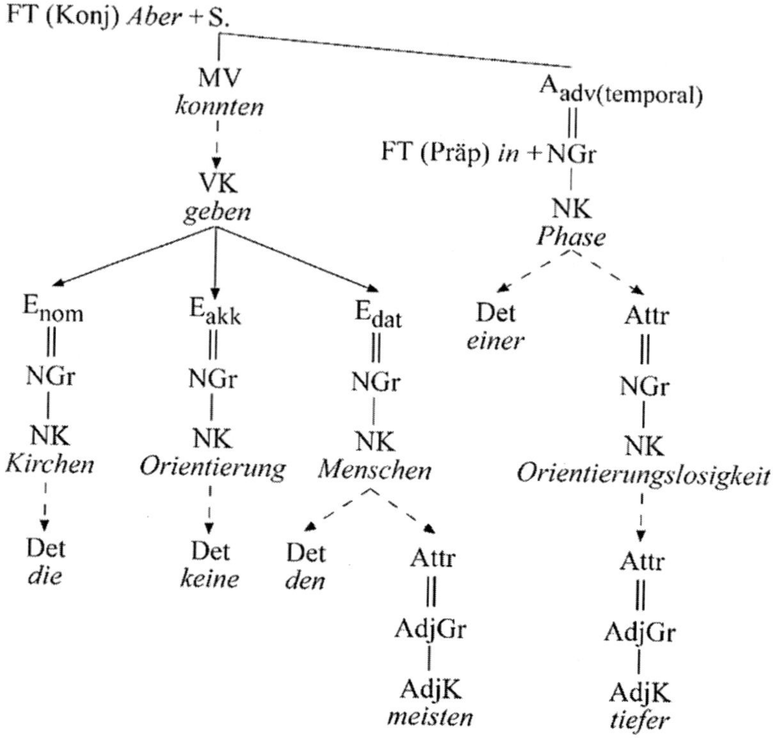

Abbildung 71: *Aber den meisten Menschen konnten die Kirchen in einer Phase tiefer Orientierungslosigkeit keine Orientierung geben.* (Satz 65)

2.66 Satz 66

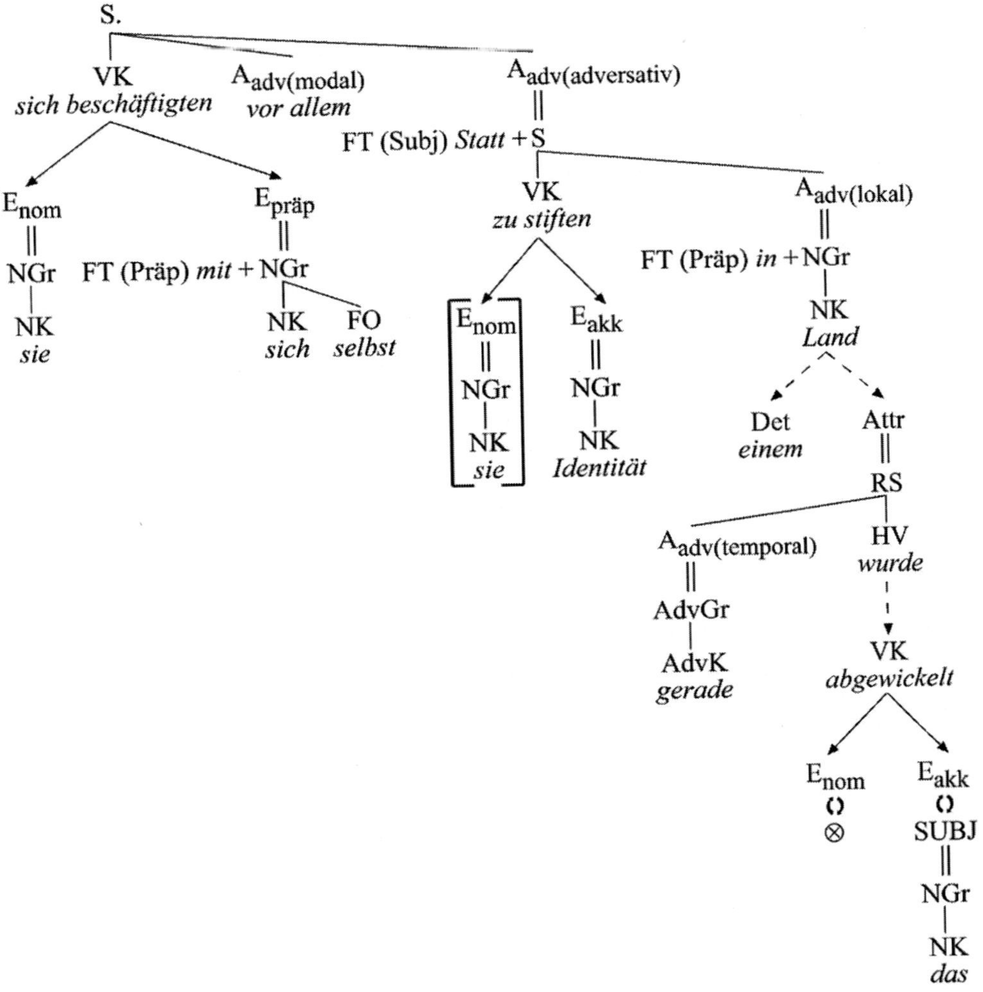

Abbildung 72: *Statt Identität zu stiften in einem Land, das gerade abgewickelt wurde, beschäftigten sie sich vor allem mit sich selbst.* (Satz 66)

Kommentare

Statt … zu stiften

In dem mit der Subjunktion *Statt* eingeleiteten NS ist die E_{nom} wegen des Infinitivs nicht realisiert, aus dem Kontext ist *sie* als E_{nom} zu erschließen (vgl. Satz 36). Die Handlung des NS steht im Gegensatz zur Handlung des HS (*beschäftigten … selbst*). Es handelt sich bei dem NS somit um eine adversative A_{adv} (vgl. Nübling 2009: 629 bzw. Fritz 2009: 1093).

vor allem

Die Angabe *vor allem* in der Bedeutung 'hauptsächlich, besonders' (DUW s. v. *all*) ist eine modale Adverbialangabe, da sie die Intensität bzw. den Grad der Beschäftigung angibt (vgl. Gallmann 2009: 784).

abgewickelt wurde

Vorgangspassiv (s. die allgemeinen Erklärungen zum Passiv in den Vorbemerkungen).

sich selbst

selbst ist eine nachgestellte Fokuspartikel zum Reflexivpronomen *sich*.[25] Sie übernimmt im Satz die syntaktische Funktion eines Fokusoperators.

---

25 „Das Reflexivpronomen kann zur Hervorhebung mit *selbst* oder *selber* verstärkt werden." (Gallmann 2009: 272) „Dabei können sie [d.h. die Fokuspartikeln] auch vor bzw. hinter Substantive und Pronomen treten." (Gallmann 2009: 589f.)

2.67 Satz 67

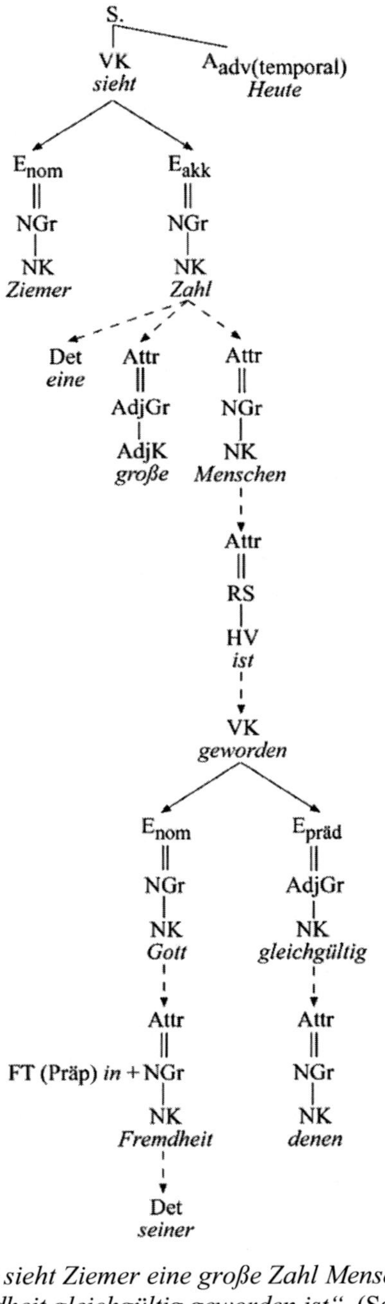

Abbildung 73: *Heute sieht Ziemer eine große Zahl Menschen, „denen Gott in seiner Fremdheit gleichgültig geworden ist“.* (Satz 67)

Kommentare

denen

Das Relativpronomen *denen* ist von der Valenz des Adjektivs *gleichgültig* in der Bedeutung 'nicht interessant [für jemanden]' (DUW s. v. *gleichgültig*) abhängig. Es handelt sich somit um ein Attribut zum adjektivischen Kern *gleichgültig*. Dass *denen* ein Attribut zu *gleichgültig* ist, sieht man deutlicher in der attributiven Verwendung des Adjektivs: *Ein denen gleichgültiger Gott spielt keine Rolle mehr.*

eine große Zahl Menschen

Menschen ist eine partitive Apposition zum nominalen Kern *Zahl* (vgl. Gallmann 2009: 983ff.).

2.68 Satz 68

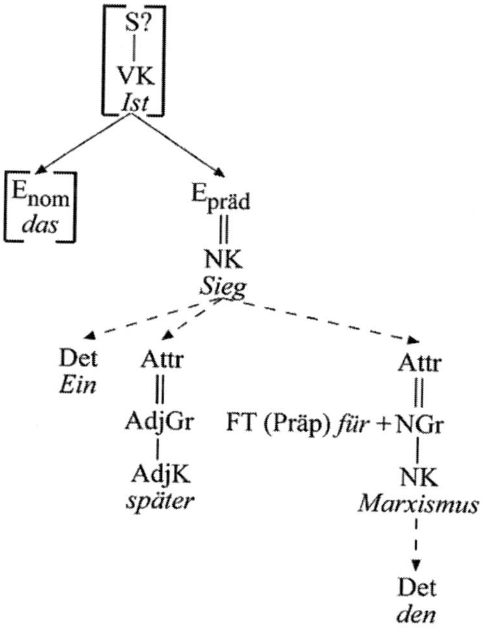

Abbildung 74: *Ein später Sieg für den Marxismus?* (Satz 68)

Kommentare

Ellipse

Aus dem Kontext ist die Entscheidungsfrage so ergänzt worden: *[Ist das] ein später Sieg für den Marxismus?*

2.69 Satz 69

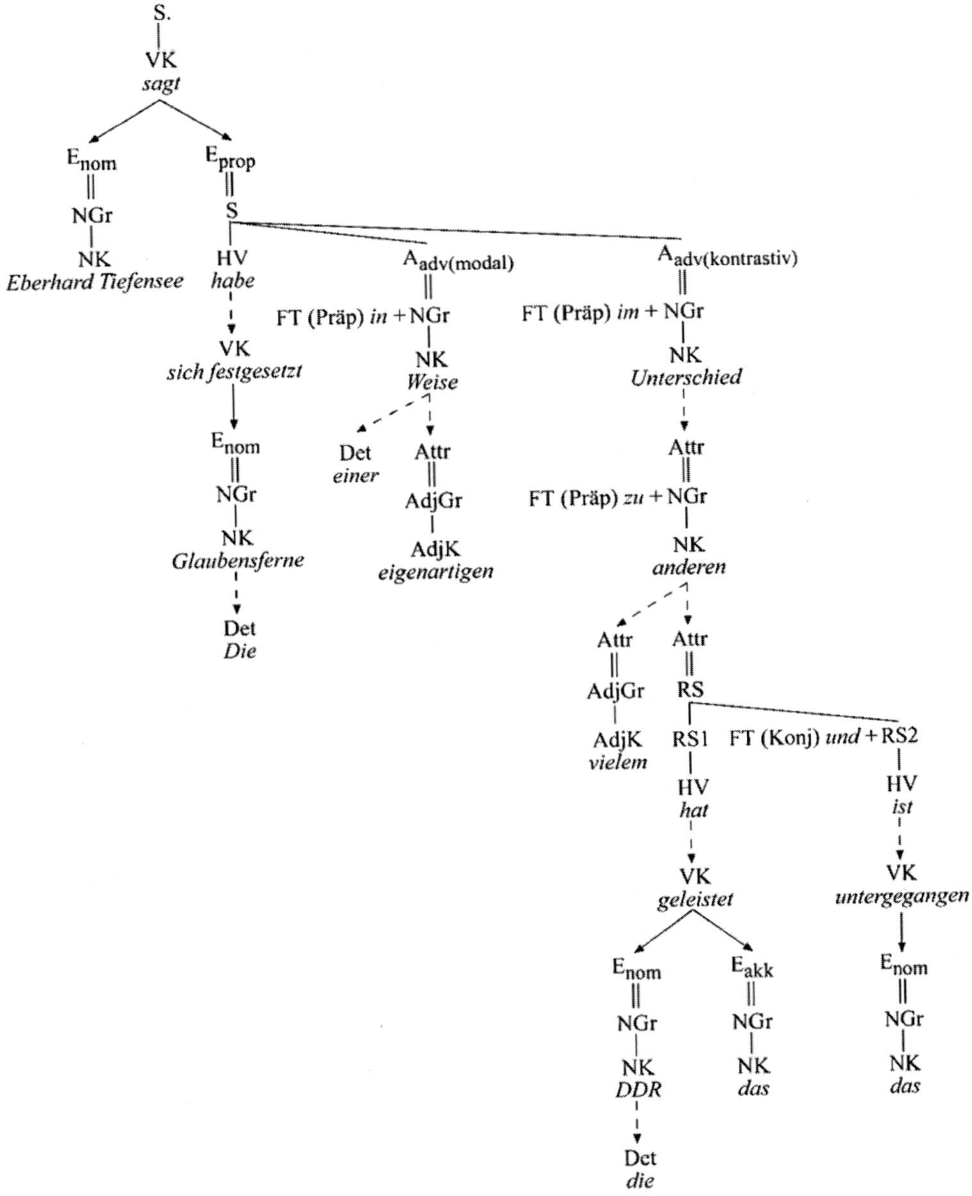

Abbildung 75: *Die Glaubensferne habe sich in einer „eigenartigen Weise festgesetzt", sagt Eberhard Tiefensee, „im Unterschied zu vielem anderen, das die DDR ‚geleistet' hat und das untergegangen ist".* (Satz 69)

Kommentare

Eberhard Tiefensee

Mehrteiliger Eigenname, s. Satz 18.

2.70 Satz 70

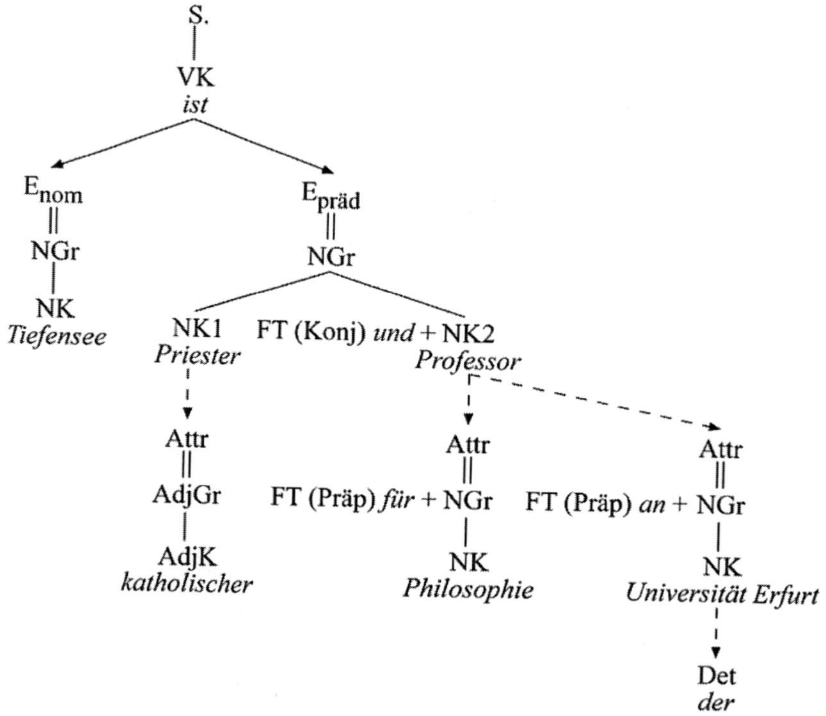

Abbildung 76: *Tiefensee ist katholischer Priester und Professor für Philosophie an der Universität Erfurt.* (Satz 70)

Kommentare

Universität Erfurt

Hier liegt ein komplexer Phrasenkern vor. *Erfurt* ist eine sog. determinative Apposition zum Hauptkern *Universität* (s. Satz 12).

2.71 Satz 71

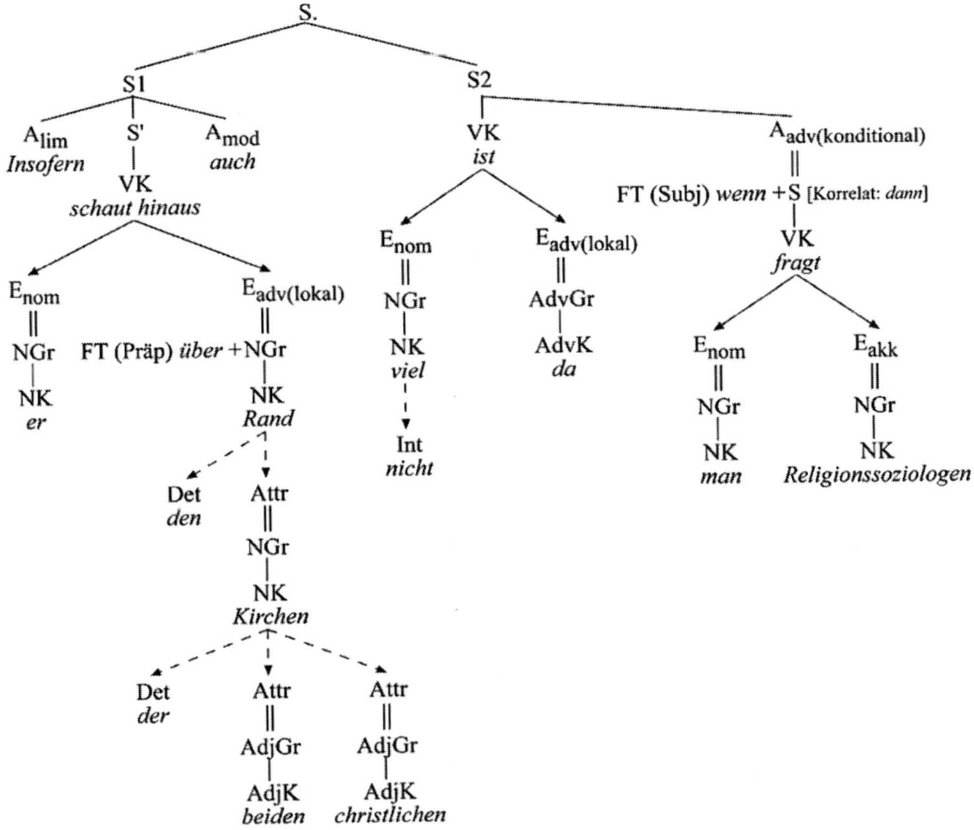

Abbildung 77: *Insofern schaut er auch über den Rand der beiden christlichen Kirchen hinaus – „wenn man Religionssoziologen fragt, dann ist da nicht viel.* (Satz 71)

Kommentare

Insofern

Das Adverb *insofern* trägt die Bedeutung ‘in dieser Hinsicht, was dies betrifft’ (DUW s. v. *insofern*) und fungiert somit als Limitativangabe.

auch

Als Modalitätsangabe interpretiert, s. Satz 3.

dann

Dann ist Korrelat des Bedingungssatzes *wenn … fragt* (s. Satz 46).

nicht

Hier wird nicht der ganze Satz verneint, sondern ein Grad des Indefinitpronomens *viel* angegeben, somit handelt es sich um die Gradpartikel *nicht* in der syntaktischen Funktion eines Intensivierers.

2.72 Satz 72

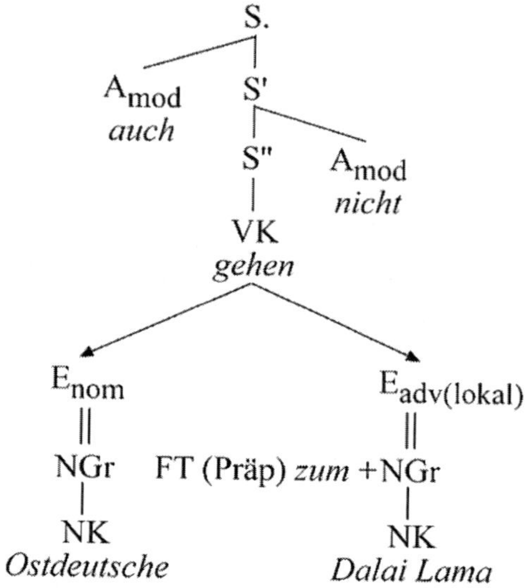

Abbildung 78: *Ostdeutsche gehen auch nicht zum Dalai Lama.“* (Satz 72)

Kommentare

auch

Als Modalitätsangabe interpretiert, s. Satz 3.

2.73 Satz 73

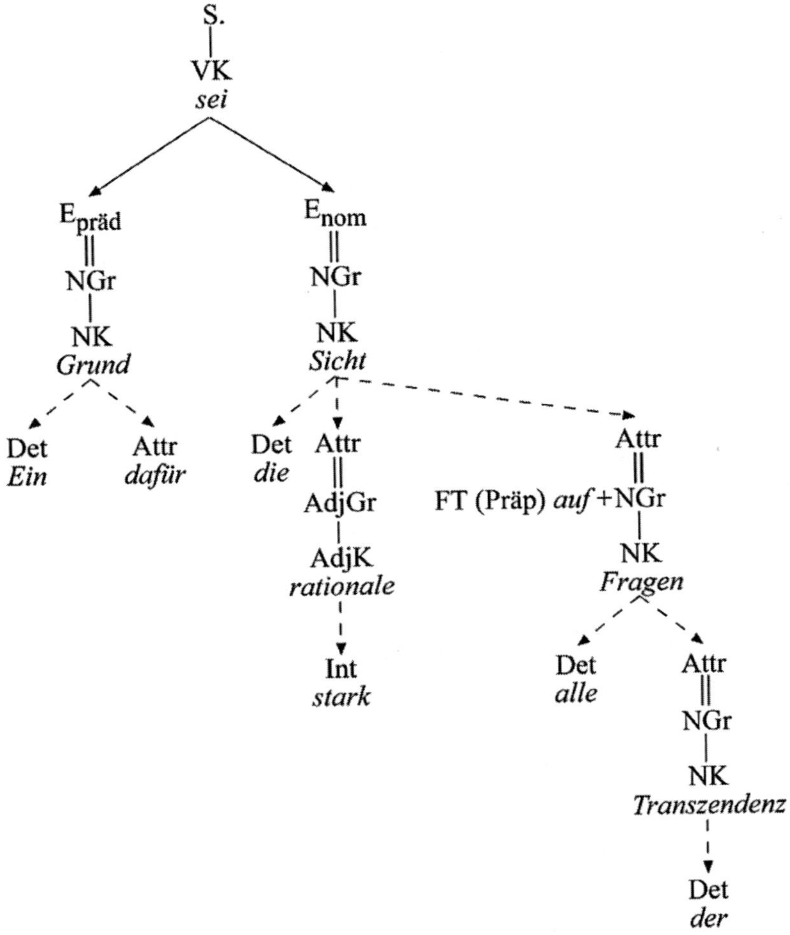

Abbildung 79: *Ein Grund dafür sei die stark rationale Sicht auf alle Fragen der Transzendenz.* (Satz 73)

Kommentare

sein

Falls es hier Probleme gibt, die Nominativergänzung und die Prädikativergänzung des zweiwertigen Kopulaverbs *sein* zu bestimmen, helfen folgende Proben weiter: der Infinitivtest (*ein Grund sein*), der Ersatz mit *gelten als* (*Als ein Grund dafür gilt die stark rationale Sicht…*) und die Verwendung des unbestimmten Artikels, der tendenziell eher bei der Prädikativergänzung steht (s. Satz 59).

2.74 Satz 74

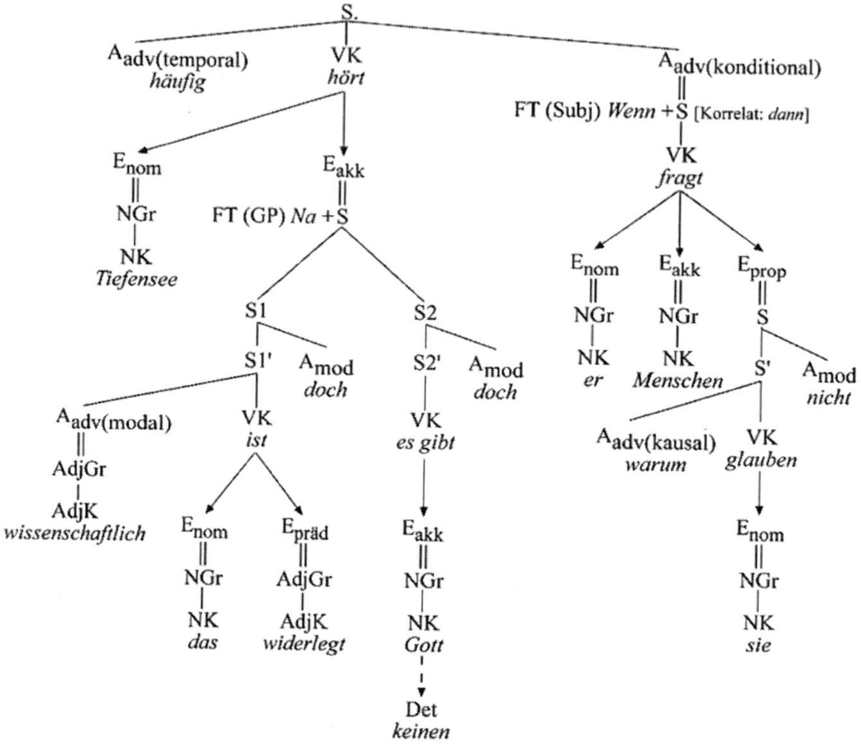

Abbildung 80: *Wenn er Menschen fragt, warum sie nicht glauben, dann hört Tiefensee häufig: Na, das ist doch wissenschaftlich widerlegt, es gibt doch keinen Gott!* (Satz 74)

Kommentare

dann

Dann ist Korrelat des Bedingungssatzes *wenn … fragt* (s. Satz 46).

häufig

Die Adverbialangabe *häufig* wird als temporal interpretiert, da sie über das zeitliche Maß informiert und als Antwort auf die Frage „Wie oft?“ gegeben werden kann (vgl. Gallmann 2009: 784).

ist widerlegt

Hier liegt eine Kombination des Verbs *sein* mit dem Partizip II *widerlegt* vor. Man kann dies auf zwei Weisen lesen: Zum einen als die Verbindung des Kopulaverbs *sein* mit dem zum Adjektiv konvertierten Partizip II *widerlegt* als Prädikativum (so im Baumgraph). Zum anderen als die Verbindung des Hilfsverbs *sein* mit dem Partizip II *widerlegt* als Vollverb, sodass hier ein Zustandspassiv vorliegt. Dass diese Stelle auch als Passiv interpretierbar ist, wird durch die Möglichkeit, ein Agens mittels einer Präpositionalphrase anzuschließen oder den Satz ins Aktiv umzuwandeln, gestützt: *Das ist durch/von Frau XY wissenschaftlich widerlegt.* → *Frau XY hat das wissenschaftlich widerlegt.*

Na

Na ist eine Gesprächspartikel. Laut DUW „geht [sie] [...] einem (verkürzten) Satz voraus u[nd] bildet damit den emotionalen Übergang von etw[as], was als Geschehen, Gesprochenes od[er] Gedachtes vorausgegangen ist, zu einer sich daraus ergebenden Äußerung" (DUW, s. v. *na*). Somit ist *na* wie eine Konjunktion ein Fügteil, um Sätze miteinander zu verbinden, wofür auch die Stellung im Vorvorfeld spricht.

2.75 Satz 75

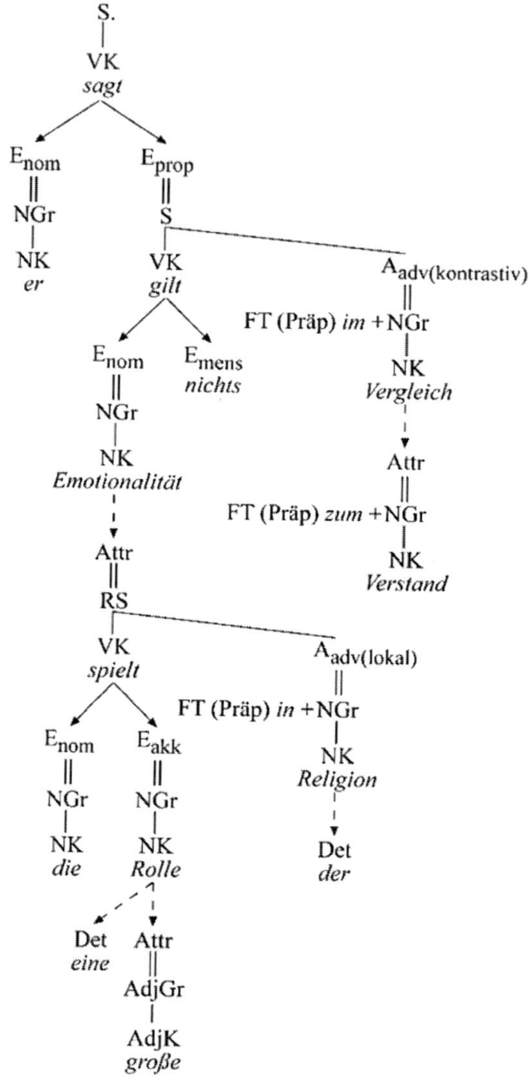

Abbildung 81: *„Emotionalität, die in der Religion eine große Rolle spielt, gilt im Vergleich zum Verstand nichts", sagt er.* (Satz 75)

Kommentare

gelten

Das Verb *gelten* trägt die Bedeutung 'jemandem irgendwieviel wert sein' (VALBU, s. v. *gelten*). Neben der Nominativergänzung hat *gelten* also noch eine Leerstelle für eine Dativergänzung (in diesem Satz nicht realisiert) und eine Mensuralergänzung, die die Größe des Wertseins angibt.

2.76 Satz 76

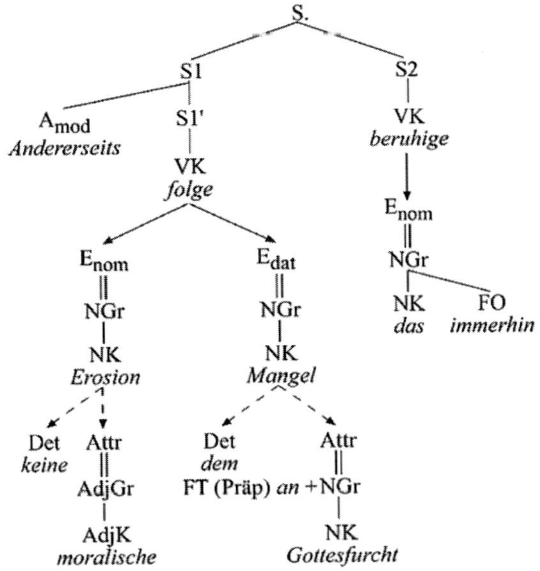

Abbildung 82: *Andererseits, das immerhin beruhige, folge dem Mangel an Gottesfurcht keine moralische Erosion.* (Satz 76)

Kommentare

das immerhin beruhige

Hier liegt kein Verbletztsatz, sondern ein Verbzweitsatz vor, was man sieht, wenn man zu dem Satzglied *das immerhin* noch ein weiteres Satzglied hinzudenkt: *Andererseits, das immerhin beruhige [ihn], folge dem Mangel an Gottesfurcht keine moralische Erosion*. Somit handelt es sich um eine Satzreihe, bei der der zweite Satz in den ersten Satz eingeschoben ist. Man kann den Satz *das immerhin beruhige* somit auch als Parenthese[26] bezeichnen.

das immerhin

Die Stellung gemeinsam im Vorfeld zeigt, dass *das immerhin* zusammen ein Satzglied ist. *Immerhin* ist Fokuspartikel zum Demonstrativpronomen *das.*

26 „Eine besondere Art zusammengesetzter Satz liegt vor, wenn ein syntaktisch eigenständiger Satz in einen anderen Satz eingeschoben oder »eingeschaltet« wird. Der eingeschobene Satz wird dann als **Parenthese** oder Schaltsatz bezeichnet. [...] *Die Fähre sei, heißt es, völlig überladen gewesen.*" (Gallmann 2009: 1025)

2.77 Satz 77

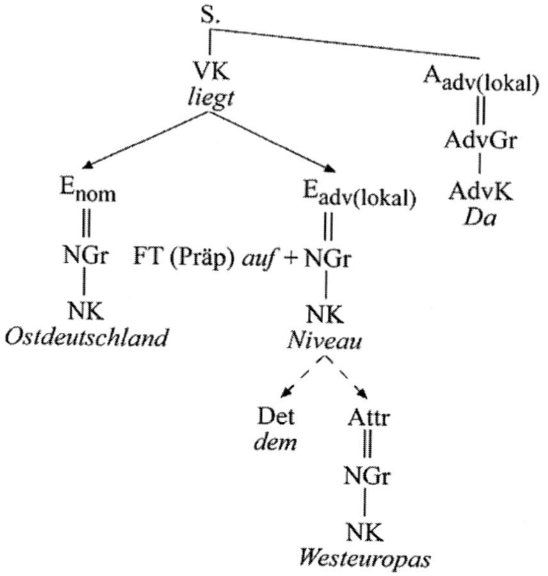

Abbildung 83: *„Da liegt Ostdeutschland auf dem Niveau Westeuropas."* (Satz 77)

2.78 Satz 78

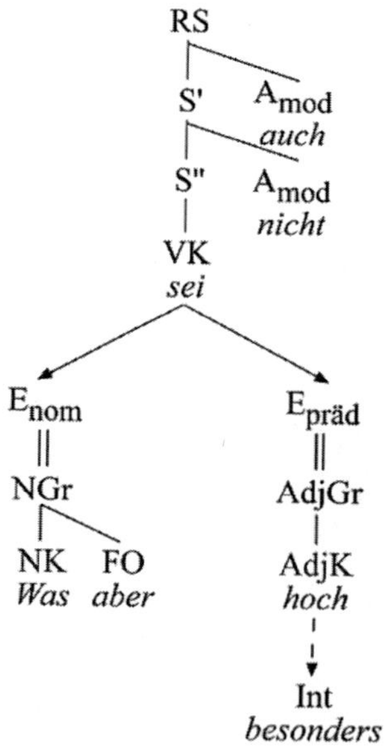

Abbildung 84: *Was aber auch nicht besonders hoch sei.* (Satz 78)

Kommentare

Was aber

Was aber ist ein Satzglied (Umstell- und Ersatzprobe funktionieren, wobei man beachten muss, für einen Verbzweitsatz das Relativpronomen *was* durch z. B. ein Demonstrativpronomen wie *das* zu ersetzen). Somit ist *aber* eine Fokuspartikel in der syntaktischen Funktion eines Fokusoperators (s. auch Satz 21, 26, 37).

2.79 Satz 79

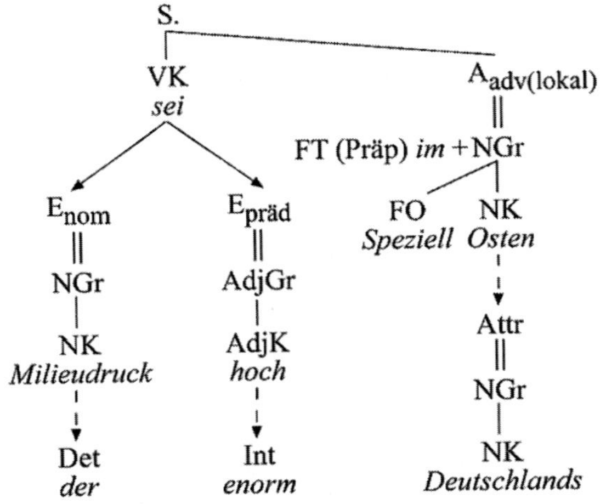

Abbildung 85: *Speziell im Osten Deutschlands sei „der Milieudruck enorm hoch.* (Satz 79)

2.80 Satz 80

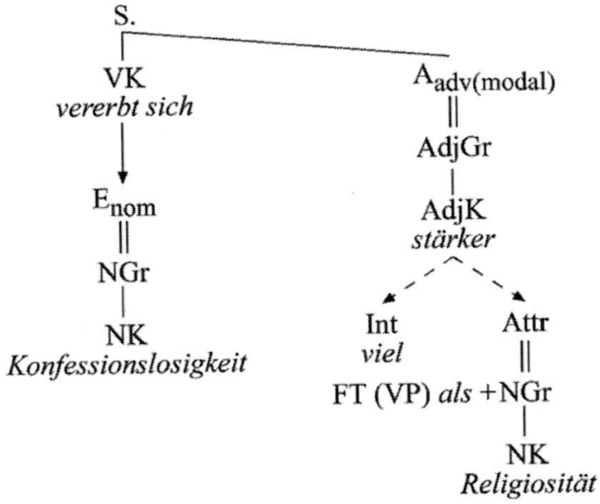

Abbildung 86: *Konfessionslosigkeit vererbt sich viel stärker als Religiosität.“* (Satz 80)

Kommentare

sich vererben

Ist *sich vererben* ein unmotiviert reflexives Verb oder liegt hier eine Konstruktion vor, die als Passivalternative[27] zu bezeichnen ist? Dazu findet man folgende Informationen im DUW: *vererben* bedeutet 'durch Vererbung an seine Nachkommen weitergeben', *sich vererben* beschreibt das DUW als 'sich auf die Nachkommen übertragen' mit dem Beispielsatz *Diese Krankheit hat sich vom Vater auf den Sohn vererbt.* (DUW, s. v. *vererben*). In dem genannten Beispiel ist klar, dass eine Passivalternative vorliegt: *Diese Krankheit wurde vom Vater auf den Sohn vererbt.* → *Der Vater vererbt die Krankheit an den Sohn.* Es ist allerdings nicht genannt, wer etwas vererbt, weshalb fraglich bleibt, ob hier die Konverse eines Aktivsatzes vorliegt, der so lauten müsste: *Jemand/Die Gesellschaft vererbt Konfessionslosigkeit viel stärker als Religiosität.* Aufgrund dieser Zweifel wird für den Baumgraph ein unmotiviert reflexives Verb *sich vererben* angenommen, dass den verbalen Kern bildet.

2.81 Satz 81

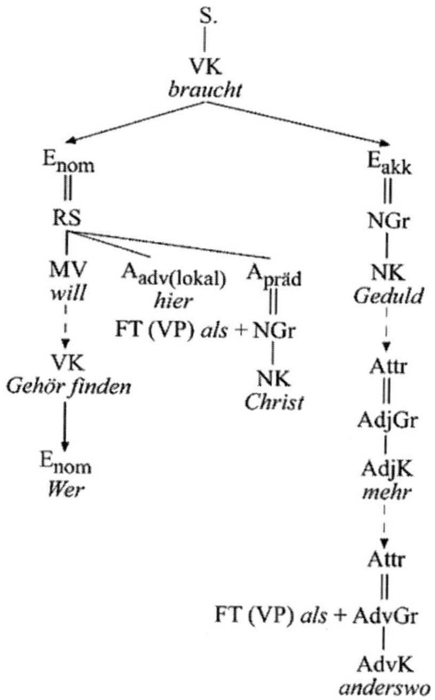

Abbildung 87: *Wer hier als Christ Gehör finden will, braucht mehr Geduld als anderswo.* (Satz 81)

---

27 „Als Alternativen (»Ersatzformen«, »Konkurrenzformen«) des *werden*-Passivs kommen u.a. […] reflexive Vollverbvarianten unterschiedlicher Art infrage: […] *Die Tür öffnete sich langsam.*" (Fabricius-Hansen 2009: 549)

Kommentare

Gehör finden

Der verbale Kern ist komplex, da *Gehör finden* ein Funktionsverbgefüge aus dem deverbalen Substantiv *Gehör* und dem Funktionsverb *finden* ist, die Bedeutung entspricht 'gehört werden' (vgl. Fabricius-Hansen 2009: 418). Fabricius-Hansen spricht hier von einer „Konkurrenzform des Passivs" (Fabricius-Hansen 2009: 420), da die Subjektleerstelle des Funktionsverbgefüges nicht von einer Agensrolle besetzt wird: „Die Vollverbentsprechungen der Funktionsverben vom Typ – *finden, erfahren, genießen* und *bekommen, erhalten* – teilen ihrer Subjektleerstelle keine typische Agensrolle, sondern die Rolle als wahrnehmende Person, Benefizient o.Ä. zu. Dementsprechend erlauben sie auch im FVG kein Agens als Subjekt. Ist das Grundverb transitiv, entspricht das Subjekt des FVGs vielmehr dem Akkusativobjekt des Grundverbs." (ebd.)

mehr Geduld als anderswo

Mehr ist der Komparativ von *viel*. *Viel* ist laut Gallmann ein „Grenzfall von Adjektiv und Artikelwort/Pronomen" (2009: 326), wobei die flektierten Formen in der Flexion dem adjektivischen Muster folgen und nach Artikelwörtern stehen können und die unflektierten Formen wie indefinite Artikelwörter gebraucht werden. „Die Komparativformen *mehr* und *weniger* bleiben immer unflektiert; sie stehen nie nach Artikelwörtern." (Gallmann 2009: 327) Aufgrund der Tatsache, dass es sich bei *mehr* um einen Komparativ handelt und dass *mehr* der Kern eines davon abhängigen Vergleichsattributes *als anderswo* ist, betrachten wir *mehr* hier als Adjektiv.

2.82 Satz 82

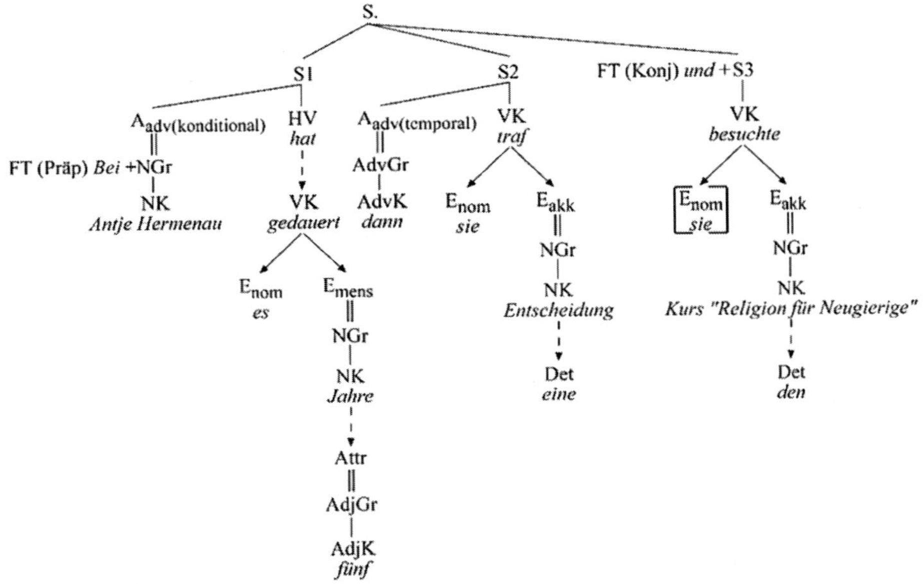

Abbildung 88: *Bei Antje Hermenau hat es fünf Jahre gedauert, dann traf sie eine Entscheidung und besuchte den Kurs „Religion für Neugierige".* (Satz 82)

Kommentare

Bei Antje Hermenau

Diese Angabe kann unterschiedlich interpretiert werden: Sowohl als konditionale Adverbialangabe ('Wenn man sich Antje Hermenau anschaut, hat es fünf Jahre gedauert...') als auch als Limitativangabe ('Was Antje Hermenau betrifft/In Bezug auf Antje Hermeneau hat es fünf Jahre gedauert'). Im Baumgraph ist die Variante als Adverbialangabe dargestellt.

eine Entscheidung treffen

Obwohl *eine Entscheidung treffen* dem Verb *sich entscheiden* entspricht, handelt es sich laut der Kriterien von Fabricius-Hansen nicht um eine Redewendung oder um ein Funktionsverbgefüge, da u. a. der nominale Teil *Entscheidung* frei durch Attribute erweiterbar ist: *Sie traf eine richtige Entscheidung für die Religion* (vgl. Fabricius-Hansen 2009: 418f.). Folglich ist das Verb *treffen* allein der verbale Kern, es hat hier die Bedeutung '[heraus]finden, erkennen, erraten' (DUW, s. v. *treffen*).

und besuchte den Kurs „Religion für Neugierige"

Dieser Satz ist elliptisch, die Nominativergänzung ist aus dem Vorgängersatz zu erschließen.

der Kurs „Religion für Neugierige"

Hier liegt ein komplexer Phrasenkern vor. *„Religion für Neugierige"* ist eine sog. explikative Apposition zum Hauptkern *Kurs*.[28]

---

[28] „Nach der Gattungsbezeichnung kann auch eine Zitatsubstantivierung stehen. Deren innere Struktur mag unterschiedlich komplex sein – vom Wortteil bis hin zum einfachen Satz – , gegenüber der Gattungsbezeichnung verhält sie sich wie ein einfaches Substantiv und wird nicht dekliniert." (Gallmann 2009: 988)

2.83 Satz 83

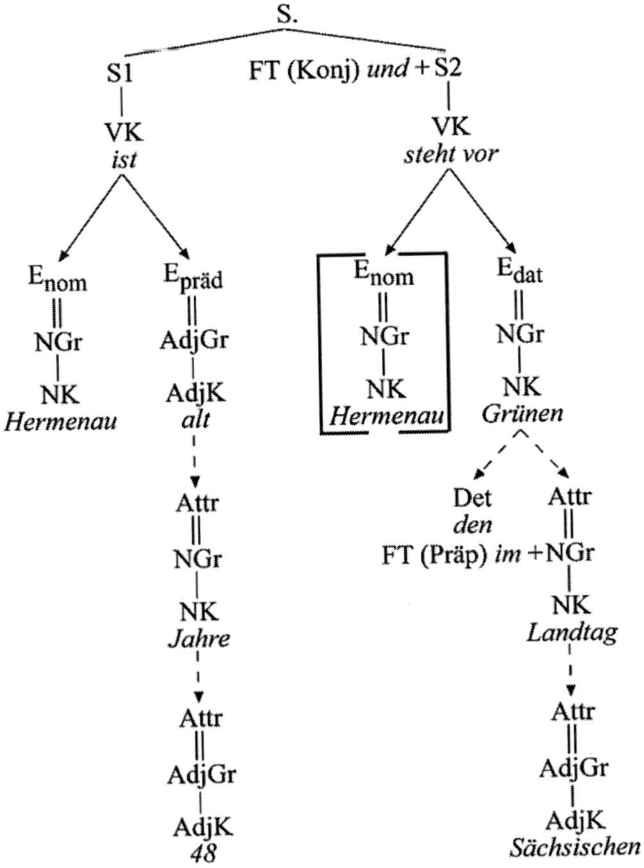

Abbildung 89: *Hermenau ist 48 Jahre alt und steht den Grünen im Sächsischen Landtag vor.* (Satz 83)

Kommentare

im Sächsischen Landtag

Im Sächsischen Landtag kann sowohl als Satzglied in der Funktion einer lokalen Adverbialangabe als auch als Präpositionalattribut zum nominalen Kern *Grünen* angesehen werden. Aufgrund der Satzbedeutung erscheint jedoch die Lösung als Attribut plausibler, da Hermenau den Grünen, die im Sächsischen Landtag sitzen, vorsteht.

2.84 Satz 84

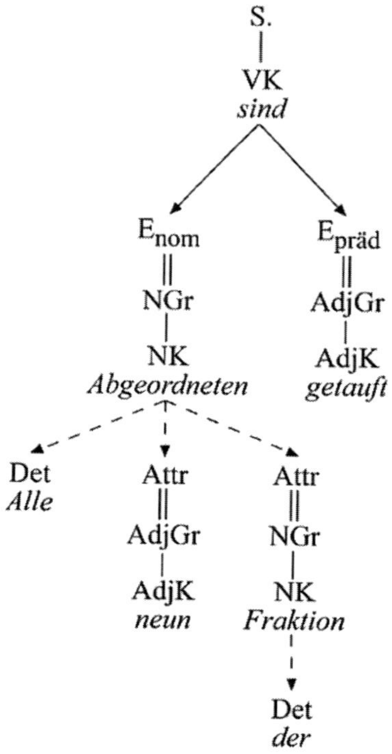

Abbildung 90: *Alle neun Abgeordneten der Fraktion sind getauft.* (Satz 84)

Kommentare

sind getauft

Hier liegt eine Kombination des Verbs *sein* mit dem Partizip II *getauft* vor. Man kann dies auf zwei Weisen lesen: Zum einen als die Verbindung des Kopulaverbs *sein* mit dem zum Adjektiv konvertierten Partizip II *getauft* als Prädikativum (so im Baumgraph). Zum anderen als die Verbindung des Hilfsverbs *sein* mit dem Partizip II *getauft* als Vollverb, sodass hier ein Zustandspassiv vorliegt. Dass diese Stelle auch als Passiv interpretierbar ist, wird durch die Möglichkeit, ein Agens mittels einer Präpositionalphrase anzuschließen oder den Satz ins Aktiv umzuwandeln, gestützt: *Die Abgeordneten sind vom selben Pfarrer getauft.* → *[Der Pfarrer] tauft die Abgeordneten.*

2.85 Satz 85

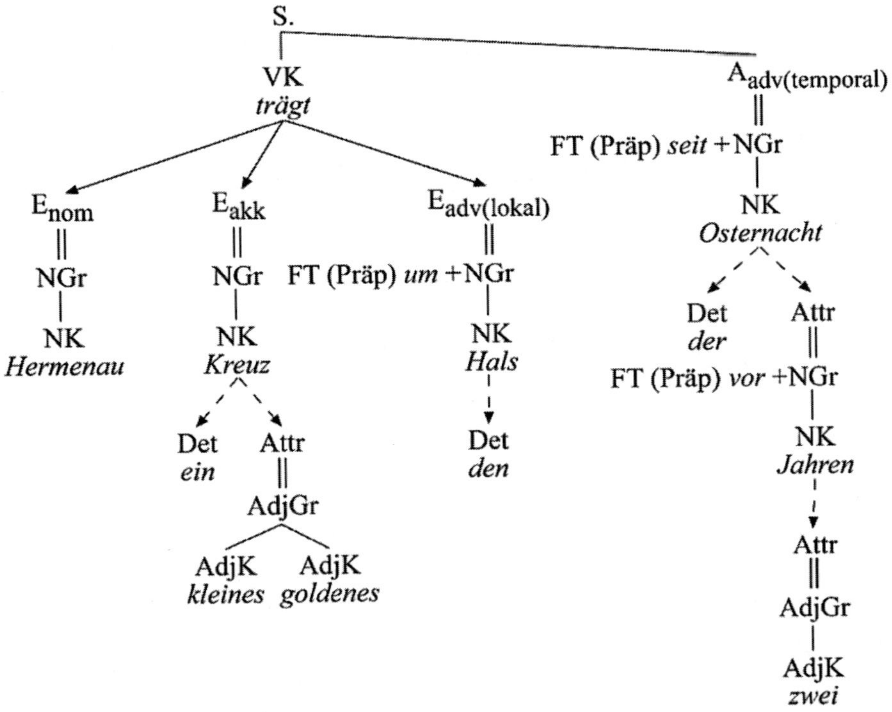

Abbildung 91: *Hermenau trägt seit der Osternacht vor zwei Jahren ein kleines goldenes Kreuz um den Hals*. (Satz 85)

Kommentare

tragen

Das Verb *tragen* in der Bedeutung 'etwas als [Gebrauchs]gegenstand, Schmuck o. Ä. an, auf einem Körperteil an sich haben' (DUW, s. v. *tragen*) ist dreiwertig, es eröffnet eine Leerstelle für das Agens, für das Patiens und für einen Ort. Das Satzglied *um den Hals* wird somit als Adverbialergänzung behandelt.

kleines goldenes (Kreuz)

Die Schreibung ohne Komma zwischen den Adjektiven *klein* und *golden* bedeutet regulär, dass diese Adjektive nicht gereiht sind. Aufgrund der Bedeutung kann man jedoch annehmen, dass der Autor ein Kreuz, das klein und golden ist, beschreiben wollte. Dementsprechend handelt es sich bei *kleines goldenes* um ein adjektivisches Attribut zum nominalen Kern *Kreuz*. Das Attribut besteht aus den zwei adjektivischen Kernen *kleines* und *goldenes*.

2.86 Satz 86

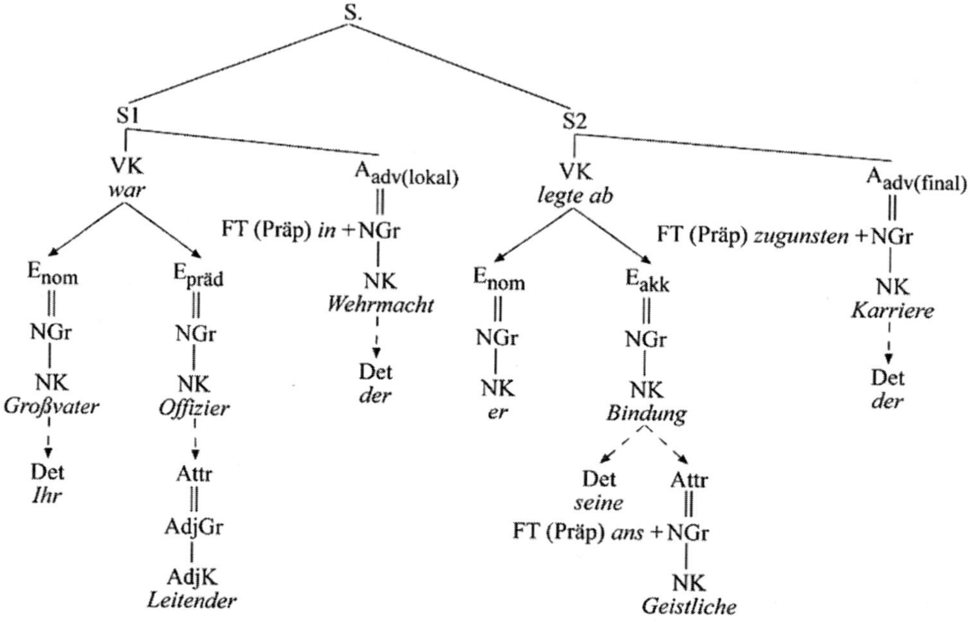

Abbildung 92: *Ihr Großvater war Leitender Offizier in der Wehrmacht, seine Bindung ans Geistliche legte er zugunsten der Karriere ab.* (Satz 86)

Kommentare

Leitender Offizier

Hier liegt eine Art Amts- bzw. Funktionsbezeichnung vor, es handelt sich nicht um einen Namen. Die Adjektive werden in solchen Wortgruppen großgeschrieben (vgl. §64 der amtlichen Regelung der deutschen Rechtschreibung).

2.87 Satz 87

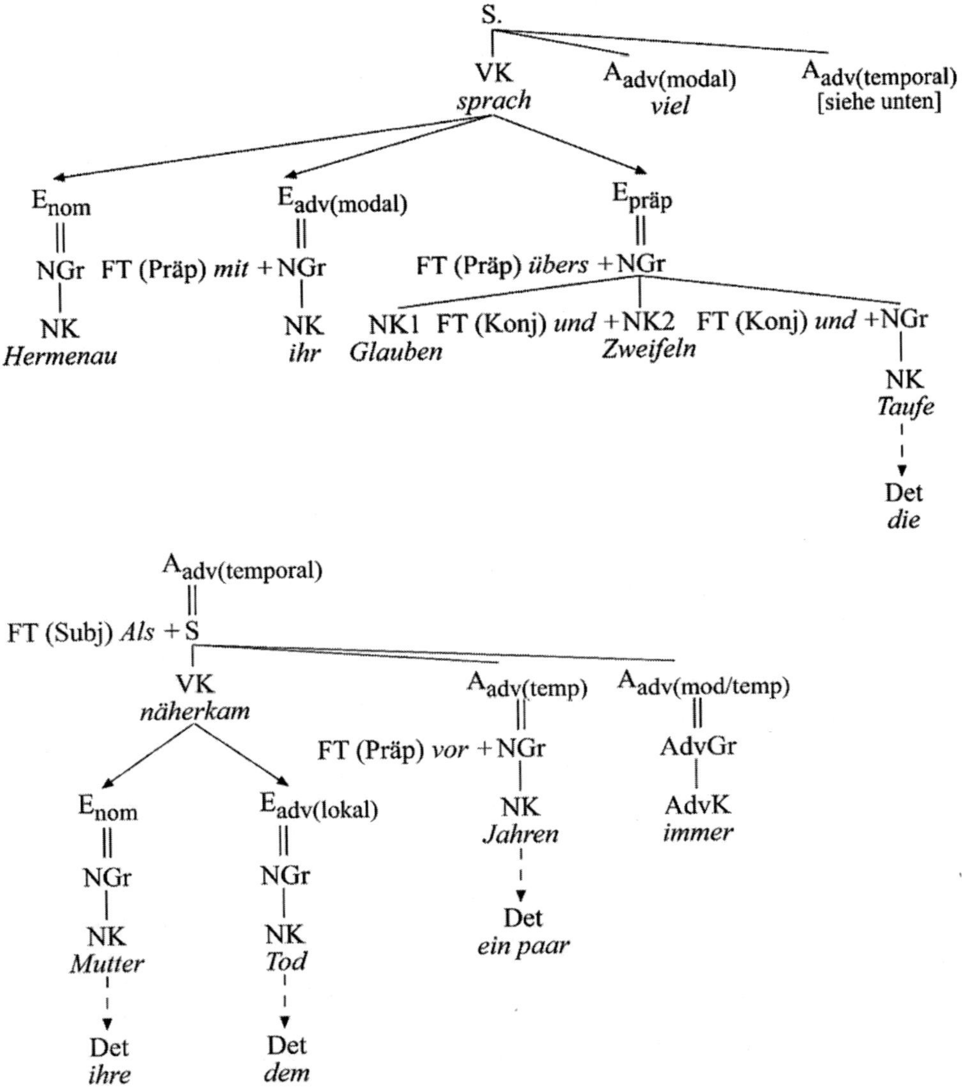

Abbildung 93: *Als ihre Mutter vor ein paar Jahren dem Tod immer näherkam, sprach Hermenau viel mit ihr übers Glauben und Zweifeln und die Taufe.* (Satz 87)

Kommentare

immer näherkommt:

Die Zusammenschreibung des Adjektivs *näher* und des Verbs *kommen* drückt aus, dass der Autor Adjektiv und Verb als eine Wortbildung betrachtet, die eine eigenständige Bedeutung hat, denn laut Rechtschreibung wird zusammengeschrieben, „wenn der adjektivische Bestandteil zusammen mit dem verbalen Bestandteil eine neue, idiomatisierte Gesamtbedeutung bildet, die nicht auf der Basis der Bedeutungen der einzelnen Teile bestimmt werden kann“ (vgl. §34 E4 der amtlichen Regelung der deutschen Rechtschreibung). Laut DUW bedeutet *näherkommen* ‘zu jemandem in eine engere Beziehung treten’, dazu gibt es auch das Verb *nahekommen* in der Bedeutung ‘zu jemandem in eine enge Beziehung treten’ (s. DUW s. v. *näherkommen* bzw. *nahekommen*). Da das Adjektiv *nahe* auch die Bedeutung ‘in enger direkter Beziehung zu jemandem, etwas stehend’ (s. DUW s. v. *nahe*) hat, kann man bezweifeln, ob bei *näherkommen* wirklich eine idiomatisierte Gesamtbedeutung vorliegt, zumal es auch das Verb *nahekommen* mit dem nicht gesteigerten Adjektiv *nahe* gibt. Der Schreiber soll sich laut Rechtschreibung in nicht eindeutigen Fällen für eine Getrennt- bzw. Zusammenschreibung entscheiden. Der Baumgraph berücksichtigt die Entscheidung des Autors, *näherkommen* als eine Wortbildung anzusehen, und führt deshalb *näherkommen* als verbalen Kern auf und *immer* als Adverb dazu, obwohl *immer* semantisch ein Attribut zu *näher* ist. Diesen Eindruck bestätigt die Umstellprobe: In einem Verbzweitsatz ist *immer* kaum alleine vor das finite Verb zu setzen (was es als temporales Adverb eigentlich sein müsste): *Ihre Mutter kam dem Tod immer näher.* → *?Immer kam ihre Mutter dem Tod näher.* Aber: *Immer näher kam ihre Mutter dem Tod.*

übers Glauben und Zweifeln und die Taufe

Die Formulierung dieser Aufzählung widerspricht möglicherweise dem Sprachgefühl mancher Sprecher, die erwarten würden, dass vor *die Taufe* die Präposition *über* explizit genannt wird, da das vorher aufgeführte Portemanteaumorph *übers* sich nicht auf *Taufe* beziehen kann: *übers Glauben und Zweifeln und über die Taufe.* Dennoch fügt die Präposition *übers* die Gruppe in den Satz ein und wird dementsprechend im Baumgraph als Fügteil vor die ganze Gruppe gesetzt.

sprach

Das Verb *sprechen* in der Bedeutung ‘mit jemandem ein Gespräch über etwas führen’ ist laut VALBU 3-wertig: ‘jemand spricht mit jemandem über etwas’ (s. VALBU s. v. *sprechen*). Obwohl im VALBU die Leerstelle ‘mit jemandem’ als Präpositionalergänzung angegeben wird, halten wir diese Ergänzung für eine Adverbialergänzung, da es sich um den Adressaten des Gesprächs handelt und die Präposition *mit* nicht bedeutungsleer ist, sondern die ‘Wechselseitigkeit bei einer Handlung’ ausdrückt (s. DUW s. v. *mit*). Die Semantik dieser Adverbialergänzung ist allerdings kaum treffend zu benennen. Es handelt sich hierbei um den Adressaten des Sprechens, ohne dass ein Ort gemeint ist. Weil es sich in einem weiten Sinn um die Art und Weise des Sprechens handelt, ist die Semantik mit ‚modal‘ angegeben. Da die Kasusrolle in der Bedeutung ‘in Begleitung von, zusammen mit’ (Glück in Glück 2000 s. v. Komitativ) als Komitativ bezeichnet wird, wäre dies unter Umständen auch eine passende Bezeichnung für die Semantik dieser Adverbialergänzung.

2.88 Satz 88

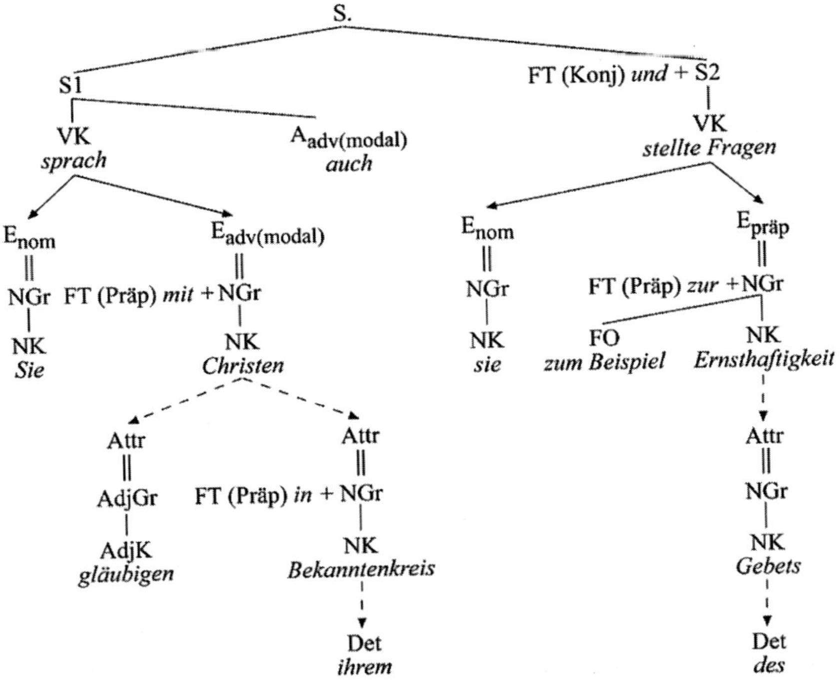

Abbildung 94: *Sie sprach auch mit gläubigen Christen in ihrem Bekanntenkreis, und sie stellte Fragen, zum Beispiel zur Ernsthaftigkeit des Gebets.* (Satz 88)

Kommentare

sprach mit gläubigen Christen in ihrem Bekanntenkreis

Zur Valenz von *sprechen* und der Semantik der Ergänzung s. Satz 87.

stellte Fragen

Im Baumgraph wird *Fragen stellen* als komplexer verbaler Kern dargestellt, da wir *Fragen stellen* als Funktionsverbgefüge interpretieren. Allerdings ist *Frage stellen* kein prototypisches FVG, das alle typischen Kriterien erfüllen würde (vgl. Fabricius-Hansen 2009: 418f.): Für die Interpretation als FVG spricht beispielsweise, dass es aus dem deverbalen Substantiv *Frage* und dem Funktionsverb *stellen* besteht, dass es dem einfachen Vollverb *fragen* entspricht und dass unter dem Lemma *stellen* nur noch mit der Markierung ‚verblasst' die Bedeutung von *Frage stellen* erläutert wird (s. DUW s. v. *stellen*). Gegen die Interpretation als Funktionsverbgefüge spricht, dass der nominale Teil *Fragen* frei attribuierbar ist *(sie stellte schwierige Fragen, die alle verunsicherten)*, dass *Fragen* im Singular und Plural vorkommen kann und die Artikelwahl nicht fest ist (*sie stellte eine Frage, sie stellte diese/ihre/jene Fragen etc*). Als Alternative dazu, *Fragen stellen* als FVG und damit als komplexen verbalen Kern zu interpretieren, kann man *stellen* als einfachen verbalen Kern betrachten, der 2-wertig ist und eine Leerstelle für eine Nominativergänzung (*sie*) und eine Akkusativergänzung (*Fragen zum Beispiel zur Ernsthaftigkeit des Gebets*) eröffnet. Der nominale Kern *Fragen* der Akkusativergänzung regiert damit ein Präpositionalattribut *zum Beispiel zur Ernsthaftigkeit des Gebets*.

zum Beispiel

Umstell- und Ersatzprobe zeigen, dass *zum Beispiel* ein Satzgliedteil ist: *Zum Beispiel zur Ernsthaftigkeit des Gebets stellte sie Fragen. Dazu stellte sie Fragen. Zum Beispiel* hebt hier die nachfolgende Nominalgruppe *Ernsthaftigkeit des Gebets* hervor, d. h. es handelt sich syntaktisch betrachtet um einen Fokusoperator.

2.89 Satz 89

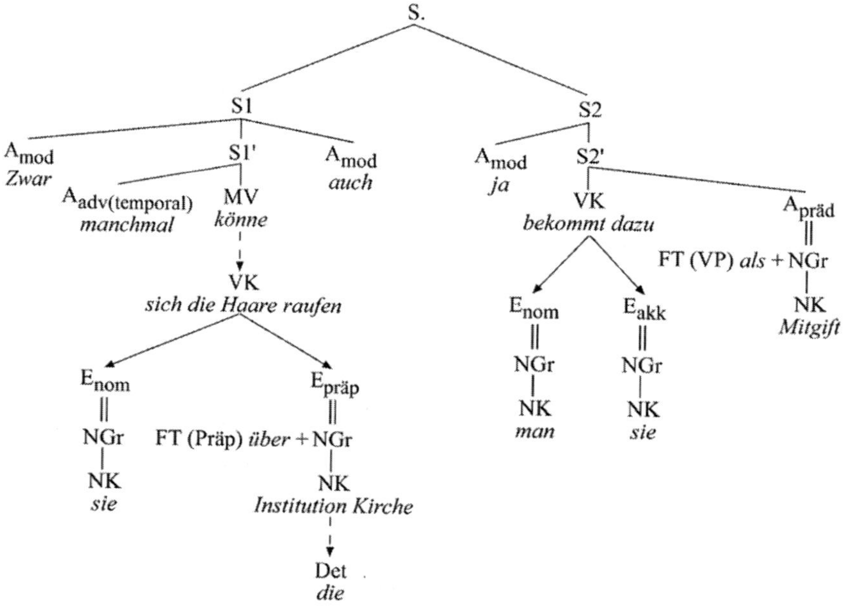

Abbildung 95: *Zwar könne sie sich „über die Institution Kirche manchmal auch die Haare raufen, man bekommt sie ja als Mitgift dazu“.* (Satz 89)

Kommentare

Institution Kirche

Hier liegt eine explikative Apposition vor. Der komplexe Phrasenkern besteht aus einer Gattungsbezeichnung mit dem bestimmten Artikel (*die Institution*) gefolgt von einem weiteren Substantiv (*Kirche*). Die Verbindung zwischen *Institution* und *Kirche* kann durch eine *Ist*-Formulierung deutlich gemacht werden: (*die*) *Kirche ist eine Institution.* Hauptkern ist *Institution*, appositiver Nebenkern ist *Kirche* (vgl. Satz 30).

sich die Haare raufen

Der verbale Kern ist komplex, da *sich die Haare raufen* eine feste Redewendung mit der Bedeutung ‘sich ärgern’ ist.

ja

Die Modalpartikel *ja* (steht zu Beginn des Mittelfelds, ist zwar satzgliedwertig, aber nicht erststellenfähig) hat die syntaktische Funktion einer Modalitätsangabe.

2.90 Satz 90

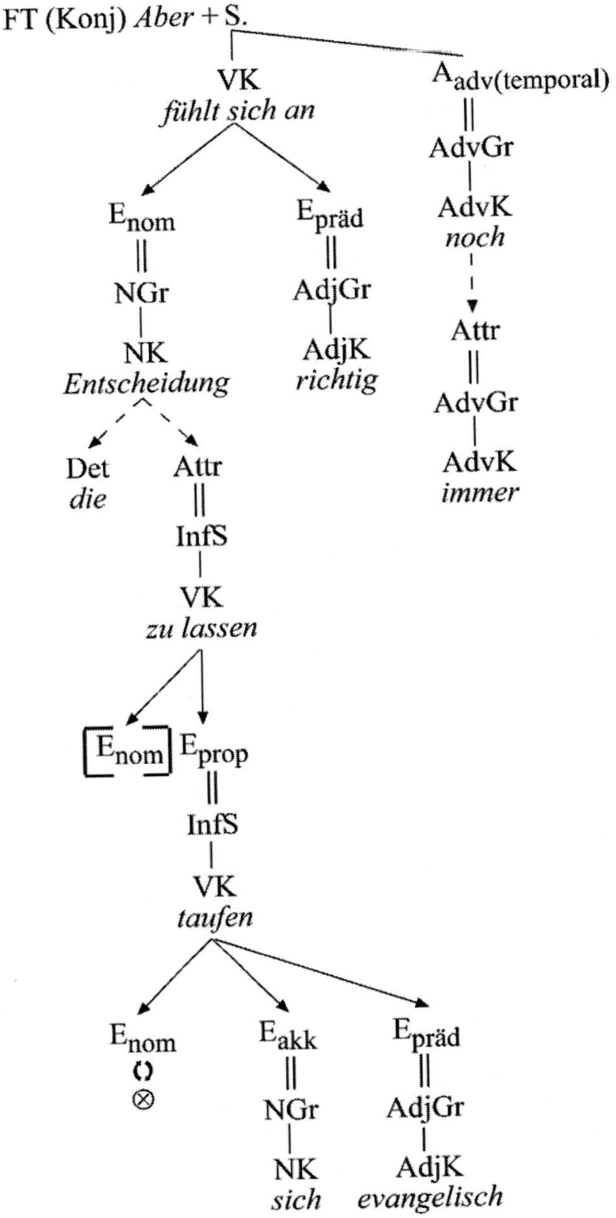

Abbildung 96: *Aber die Entscheidung, sich evangelisch taufen zu lassen, „fühlt sich immer noch richtig an“.* (Satz 90)

Kommentare

fühlt sich an

Sich anfühlen ist ein unmotiviert reflexives Verb, deshalb ist *sich* Teil des verbalen Kerns.

sich evangelisch taufen zu lassen

Bei dem Attributsatz zum nominalen Kern *Entscheidung* handelt es sich formal um eine satzwertige Infinitivphrase[29]. Die Nominativergänzung ist deshalb nicht realisiert, kann jedoch aus dem Kontext erschlossen werden (s. Satz 36).

lassen

Hier liegt das kausative *lassen* in der Bedeutung 'veranlassen' vor. Das Verb *lassen* als Kausativum zählt zu den infinitregierenden Verben[30], d. h. dem Verb *lassen* folgt ein sog. a.c.i.: „In Konstruktionen mit Wahrnehmungsverben sowie mit Verben des Veranlassens und Zulassens (Kausativverben) erhält das Satzglied, das in Sätzen mit einfachem Prädikat als Subjektsnominativ auftritt, den Akkusativ, wird also zum Akkusativobjekt. Man spricht dann oft von »Akkusativ mit Infinitiv« (lateinisch *accusativus cum infinitivo*, oft abgekürzt als a.c.i.)" (Gallmann 2009: 815). Der a.c.i. *sich evangelisch taufen* wird als satzförmige Ergänzung zum verbalen Kern *lassen* angesehen, somit als Propositionalergänzung.[31] Da in dem a.c.i. gleichzeitig eine passivische Konstruktion vorliegt (s. unten), nimmt der Akkusativ des a.c.i. (*sich*) nicht die Stelle der Nominativergänzung ein. Zur Verdeutlichung ein paar Beispiele: (1) *Sie lässt ihn sie evangelisch taufen.* Hier wäre *ihn sie taufen* der a.c.i., wobei *ihn* Enom zu *taufen* ist und als Objekt zu *lässt* hochgezogen wurde. (2) *Sie lässt ihn sich evangelisch taufen.* Hier wären *ihn* und *sich* koreferent, aber nicht *sie* und *sich*. Dadurch würde eine Passivlesart unterbunden. Es würde ausgedrückt, dass sie es zulässt, dass er sich evangelisch tauft. (3) *Sie lässt sich (von/durch ihn) evangelisch taufen.* Hier läge eine Passivkonkurrenz vor. Deutlich erkennbar ist das daran, dass die Enom zu *taufen* nicht mehr durch ein Objekt zu *lässt* realisierbar ist, sondern fakultativ durch eine präpositional gefügte Gruppe.

sich taufen

Hier liegt eine Passivalternative vor (s. Satz 80): *Sie lässt sich taufen.* → *Sie veranlasst, dass sie [von irgendjemandem] getauft wird.* (vgl. Fabricius-Hansen 2009: 550). Das Agens ist in der Passivalternative weggelassen. Die Akkusativergänzung zu *taufen* wird in der Passivalternative reflexiviert.

evangelisch

Je nach Verständnis davon, was mit einer Taufe geschieht und was damit verbunden ist, kann das Satzglied *evangelisch* unterschiedlich gelesen werden. Im Baumgraph ist unsere spontane Lesart festgehalten, die auf der Annahme beruht, dass man durch die

---

29 Satzwertige Infinitivphrasen werden in der Literatur auch als inkohärent bezeichnet (s. z. B. Gallmann 2009: 847).

30 S. Fabricius-Hansen 2009: 415ff.

31 Hier ist *lassen* ein verbaler Kern (anders als andere infinitregierenden Verben, wie z. B. *hat (gelesen)*, *will (spielen)*), da es eine lexikalisch-begriffliche Bedeutung im Sinne von 'zulassen' oder 'veranlassen' aufweist und zwei Leerstellen eröffnet: Für den Verursacher (= Nominativergänzung) und für die veranlasste Handlung (= Propositionalergänzung). Hilfsverben wie *haben* oder Modalverben wie *wollen* besitzen dagegen keine verbale Valenz.

Taufe evangelisch, katholisch etc. wird. Diese Annahme geht auf die Erfahrung zurück, dass man mit der Taufe Teil der jeweiligen Kirchengemeinde wird. Somit betrachten wir *evangelisch* als den Zweck und das Resultat der Handlung *taufen* und stellen es als Objektsprädikativum dar. Wenn Taufe jedoch die Aufnahme in die Gemeinschaft der Christen bedeutet (s. DUW s. v. *Taufe*), dann gibt das Satzglied *evangelisch* die Art und Weise an, wie dieses Sakrament vollzogen wird. In dieser Sichtweise ist *evangelisch* eine modale Adverbialangabe.

2.91 Satz 91

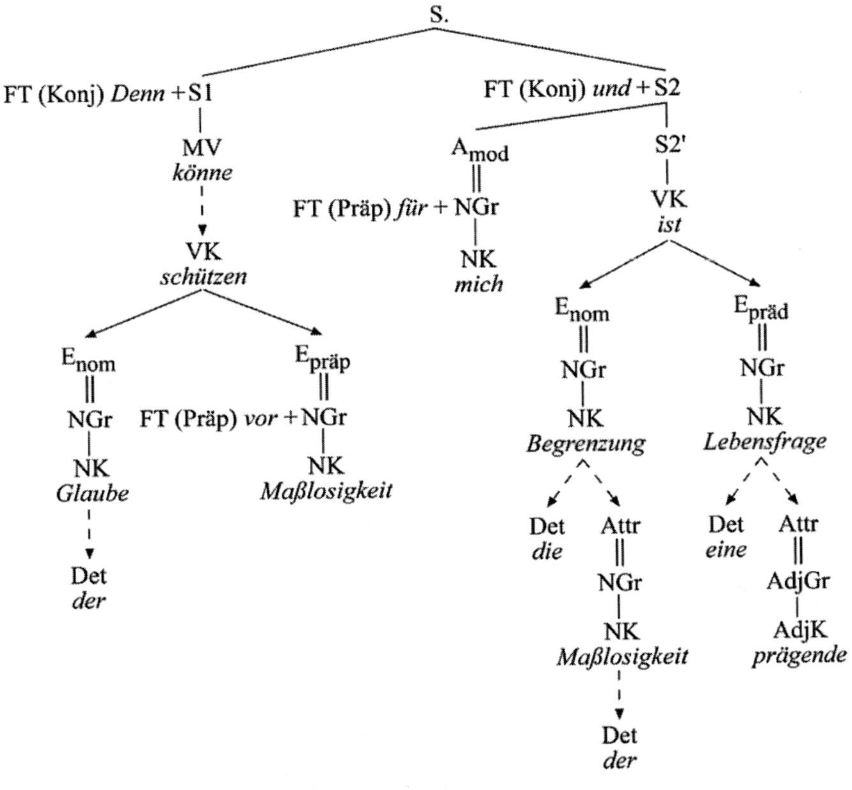

Abbildung 97: *Denn der Glaube könne vor Maßlosigkeit schützen, und „die Begrenzung der Maßlosigkeit ist für mich eine prägende Lebensfrage".* (Satz 91)

Kommentare

für mich

für mich hat hier die Bedeutung von 'meiner Meinung nach', es handelt sich somit um eine Modalitätsangabe. Wenn man *für mich* im Sinne von 'in Bezug auf mich' lesen würde, dann wäre es eine Limitativangabe.

2.92 Satz 92

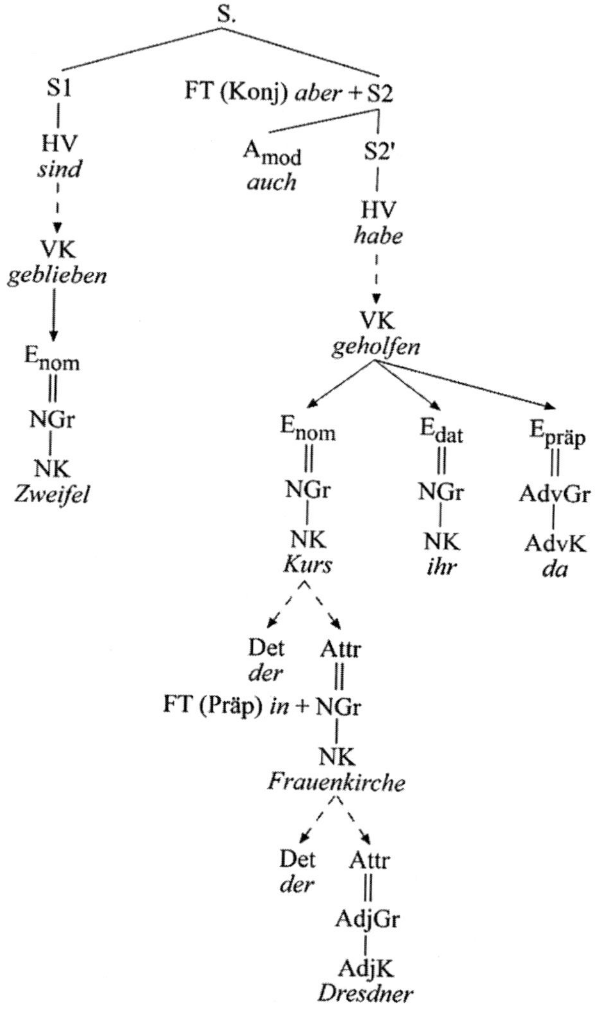

Abbildung 98: *Zweifel sind geblieben, aber da habe ihr auch der Kurs in der Dresdner Frauenkirche geholfen.* (Satz 92)

Kommentare

da

Da gibt an, wobei der Kurs geholfen hat. Statt *da* könnte hier auch die Form *dabei* stehen: *aber dabei habe ihr auch der Kurs in der Frauenkirche geholfen. Helfen* in der Bedeutung 'jemandem/etwas mittels irgendetwas ermöglichen bei etwas erfolgreich zu sein' (VALBU s. v. *helfen*) ist dreiwertig mit einer Nominativ-, einer Dativ- und einer Präpositionalergänzung. Das Adverb *da* steht somit für die Präpositionalergänzung.

auch

Auch kann als einzelnes Satzglied in der Funktion einer Modalitätsangabe oder als Teil des Satzgliedes *auch der Kurs in der Dresdner Frauenkirche* in der Funktion eines Fokusoperators gelesen werden.

2.93 Satz 93

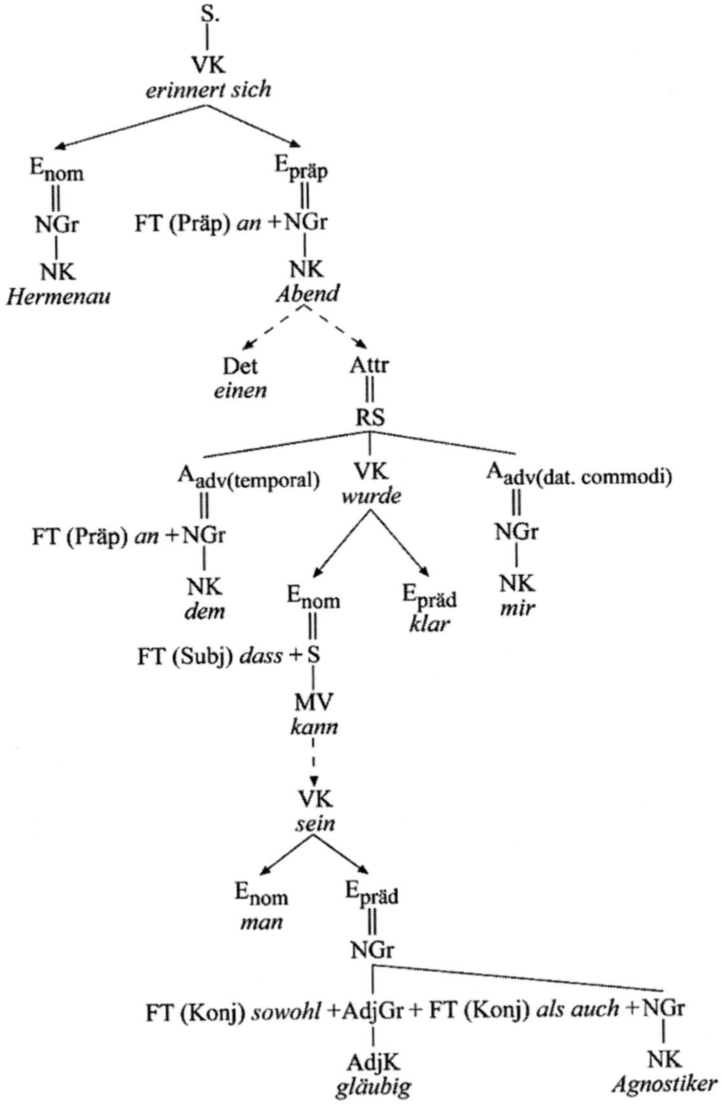

Abbildung 99: *Hermenau erinnert sich „an einen Abend, an dem mir klar wurde, dass man sowohl gläubig als auch Agnostiker sein kann.* (Satz 93)

Kommentare

erinnert sich

Sich erinnern in der Bedeutung 'im Gedächtnis bewahrt haben und sich dessen wieder bewusst werden' (DUW, s. v. *erinnern*) ist ein unmotiviert reflexives Verb, deshalb ist *sich* Teil des verbalen Kerns.

wurde klar

Klar werden ist kein komplexer verbaler Kern, sondern die Kombination aus dem Kopulaverb *werden* und dem adjektivischen Prädikativum *klar*. Gegen den komplexen verbalen Kern spricht, dass *klar werden* keine idiomatisierte Bedeutung trägt, die über die einzelnen Bestandteile *klar* im Sinne von 'fest umrissen, eindeutig, für jedermann übersichtlich und verständlich' (DUW, s. v. *klar*) und *werden* im Sinne von 'in einen bestimmten Zustand kommen, eine bestimmte Eigenschaft bekommen' (DUW, s. v. *werden*) hinausginge. Außerdem sind sowohl das Verb *werden* als auch das Adjektiv *klar* austauschbar (*das ist mir klar, das bleibt mir klar* bzw. *das wurde mir offensichtlich, das wurde mir deutlich*) und das Adjektiv *klar* kann auch gesteigert und durch zusätzliche Satzgliedteile erweitert werden (*das wurde mir immer klarer, das wurde mir sehr klar, das wurde mir klar und deutlich*).

mir

Bei diesem Dativ handelt es sich um einen Dativus commodi. Die Dativphrase *mir* ist nicht valenzabhängig, sie kann pronominal und nominal realisiert sein (*das wurde meinem Vater klar*) und sie gibt den ‚Nutznießer' an, der von dem Klarwerden profitiert. *Das wurde klar, das geschah in meinem Interesse.* Somit handelt es sich um eine besondere Art der Adverbialangabe.

sowohl gläubig als auch Agnostiker

Aufgrund der Tatsache, dass *sowohl gläubig als auch Agnostiker* zusammen erststellenfähig und ersetzbar (*Sowohl gläubig als auch Agnostiker kann man sein*; *Das kann man sein*) ist, betrachten wir es als ein Satzglied und zwar als Prädikativergänzung zum verbalen Kern *sein*. Prädikativergänzungen kommen mit Adjektiven und mit Substantiven als Kern vor (*Sie ist gläubig. Sie ist eine Agnostikerin*). Hier besteht die Prädikativergänzung aus einem adjektivischen Kern und aus einem nominalen Kern. Diese Kerne sind durch die paarige[32] Konjunktion *sowohl [...] als auch* syndetisch verbunden. Da Substantive und Adjektive nach Kasus, Numerus (und Genus) dekliniert werden, kann man sie auch gemeinsam als Nomen bezeichnen.[33] Deshalb setzen wir als Realisierung der Prädikativergänzung eine nominale Gruppe an, die aus dem adjektivischen Kern *gläubig* und aus dem nominalen Kern *Agnostiker* besteht.

---

32 „Ähnlich wie Präpositionen können Junktionen aus einem oder mehreren Wörtern bestehen: [...] Paarige Junktionen: *sowohl – als auch, nicht nur – sondern auch, entweder – oder, weder – noch, wenn (-) auch.* Die Teile stehen voneinander getrennt." (Nübling 2009: 620)

33 „Nomen [...] (1) Im engeren Sinn: Synonym für Substantiv. (2) Im weiteren Sinn: Zusammenfassende Bezeichnung für nominale Wortarten, worunter in einigen Grammatiken alle deklinierbaren Wortarten (Substantiv, Adjektiv, Pronomen und Numerale) fallen, in anderen bezieht sich Nomen in diesem weiteren Sinne nur auf Substantive und Adjektive" (Bußmann 1990 s. v. ‚Nomen').

2.94 Satz 94

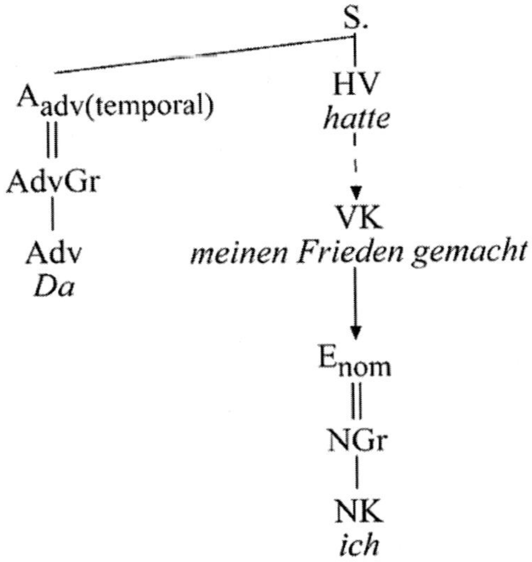

Abbildung 100: *Da hatte ich meinen Frieden gemacht.“* (Satz 94)

Kommentare

seinen Frieden machen

Mit *seinen Frieden mit jemandem/etwas machen* liegt eine feste Redewendung vor, deren Bedeutung ‘sich mit jemandem/einer Sache aussöhnen’ (DUW, s. v. *Frieden*) nicht aus den einzelnen Bestandteilen *Frieden* und *machen* zu erfassen ist und deren Bestandteile auch – mehr oder weniger – fest in der Kombination von Possessivpronomen + Substantiv *Frieden* + Verb *machen* vorliegen: *Ich hatte meinen Frieden gemacht* vs. *Ich hatte diesen Frieden gemacht.*

2.95 Satz 95

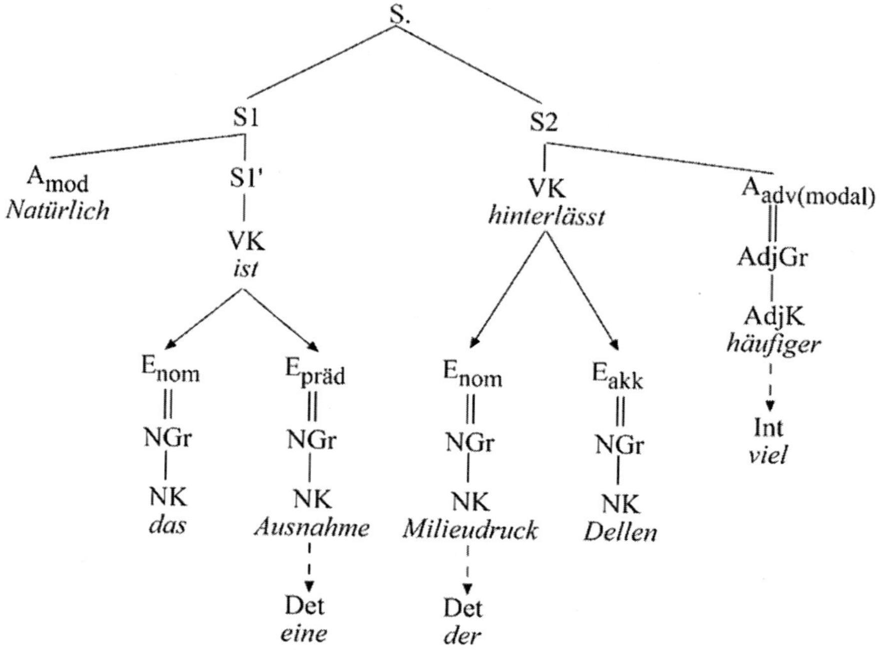

Abbildung 101: *Natürlich ist das eine Ausnahme, viel häufiger hinterlässt der Milieudruck Dellen.* (Satz 95)

2.96 Satz 96

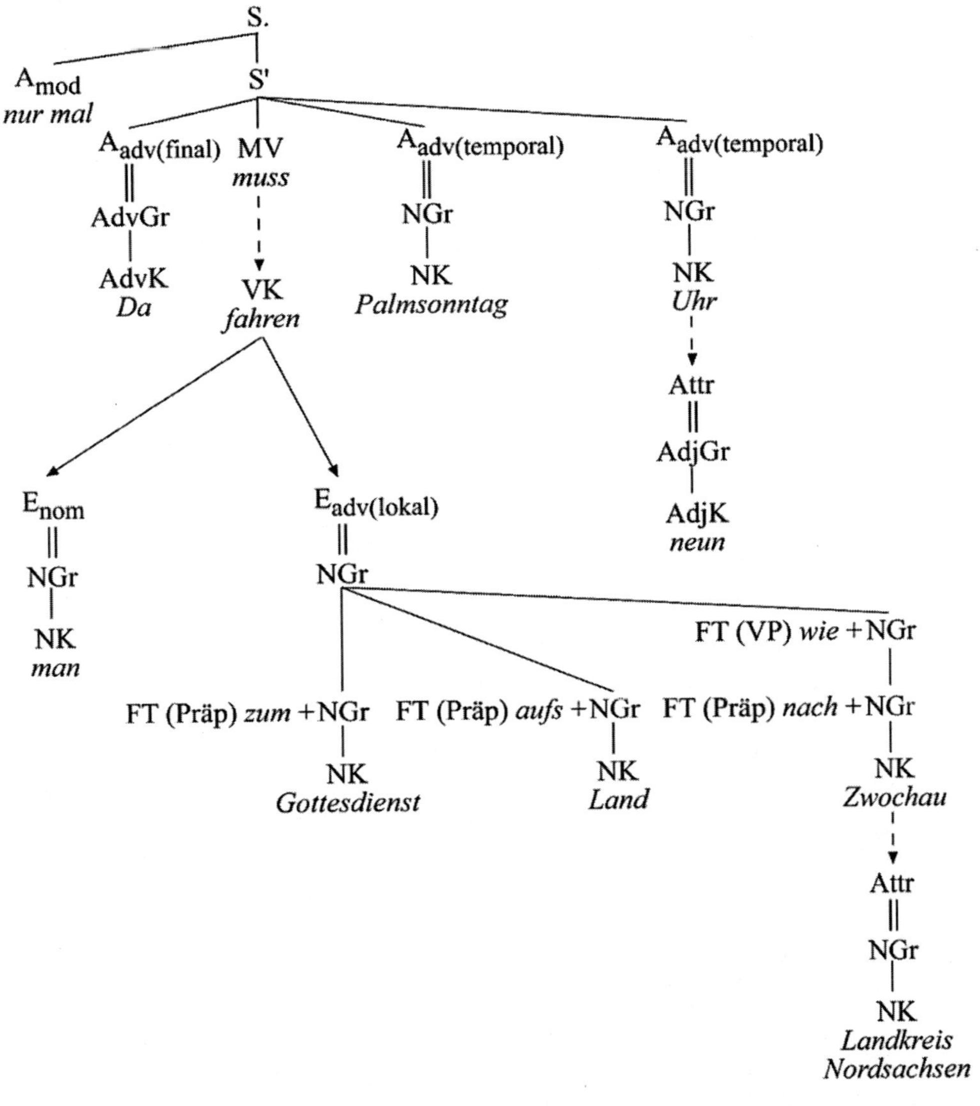

Abbildung 102: *Da muss man nur mal zum Gottesdienst aufs Land fahren, wie nach Zwochau, Landkreis Nordsachsen, Palmsonntag, neun Uhr.* (Satz 96)

Kommentare

nur mal

Bei dem Satzglied *nur mal* handelt es sich um eine Modalitätsangabe, da mit *nur mal* der exemplarische Charakter des Restsatzes *Da muss man zum Gottesdienst aufs Land fahren.* verdeutlicht wird. Somit wird die Geltung dieser Aussage eingeschränkt.

Da

Das Satzglied *da* gibt an, wozu man aufs Land fahren muss: *Um zu sehen, welche Dellen der Milieudruck hinterlässt, muss man zum Gottesdienst aufs Land fahren.* → *Da muss man zum Gottesdienst aufs Land fahren.* Somit ist *da* eine finale Adverbialangabe.

zum Gottesdienst aufs Land fahren, wie nach Zwochau, Landkreis Nordsachsen

Je nachdem, wie man Satz 96 liest und interpretiert, funktionieren hier unterschiedliche Umstell- und Ersatzproben, sodass auch die syntaktischen Funktionen verschieden gewertet werden können. Das Verb *fahren* ist zweiwertig mit einer Nominativergänzung (hier *man*) und einer lokalen Adverbialergänzung. Laut VALBU (s. v. *fahren*) wird ein Zielort mit den Präpositionen *in, nach, bis* angegeben und ein indirekter Zielort, d. h. eine Person, eine Veranstaltung oder eine Handlung, mit der Präposition *zu*. In diesem Satz findet man einen Zielort *aufs Land* sowie eine Veranstaltung *zum Gottesdienst.* Da *fahren* als zweiwertig betrachtet wird und da beide Ziele durch *wohin* erfragbar sind (*Wohin fährst du? – Aufs Land./Zum Gottesdienst.*), ist im Baumgraph eine Adverbialergänzung mit zwei nominalen Gruppen angesetzt. Die Regel, dass die nominalen Gruppen bzw. nominalen Kerne eines Satzgliedes normalerweise durch eine Konjunktion syndetisch verbunden werden können, könnte hier dadurch außer Kraft gesetzt sein, dass ein konkreter Zielort (*Land*) und ein indirekter Zielort (*Gottesdienst*) nicht anreihbar sind. *Aufs Land* kann wegen des Akkusativs nicht als Attribut zum nominalen Kern *Gottesdienst* gelesen werden (das müsste lauten: *Zum Gottesdienst auf dem Land fährt man*). Man könnte andererseits jedoch alternativ *zum Gottesdienst* als Zweck des *Aufs-Land-Fahrens* interpretieren. Der Satz hätte dann als weiteren Bestandteil die finale Adverbialangabe *zum Gottesdienst.* Ein weiteres Problem ist, ob *wie nach Zwochau* ein Attribut zu *aufs Land* oder eine weitere Nominalgruppe der Adverbialergänzung neben *zum Gottesdienst* und *aufs Land* ist. Die Vergleichspartikel *wie* als Fügteil und die Ausklammerung aus der verbalen Klammer sind Argumente dafür, *wie nach Zwochau* als Attribut zum nominalen Kern *Land* zu betrachten. Semantisch würde dafür sprechen, dass es sich um eine Präzisierung des vorhergenannten allgemeinen *aufs Land* handelt: *aufs Land fahren, wie [zum Beispiel] nach Zwochau.* Die Präposition *nach* ist allerdings ein Argument dafür, dass *nach Zwochau* direkt von der Valenz des Verbs *fahren* abhängig ist, sodass *wie nach Zwochau* auch als dritte nominale Gruppe der Adverbialergänzung gesehen werden kann.

Landkreis Nordsachsen

Hier liegt eine explikative Apposition vor: 'Nordsachsen ist ein Landkreis'. Hauptkern dieses komplexen Phrasenkerns ist *Landkreis*, appositiver Nebenkern ist *Nordsachsen.*

Palmsonntag, neun Uhr

Auch hier sind mehrere Lesarten möglich. Wenn man nach dem Zeitpunkt des Fahrens fragt, dann handelt es sich hierbei um eine oder zwei temporale Adverbialangaben. Wenn man nach dem Zeitpunkt des Gottesdienstes fragt, dann handelt es sich um ein oder zwei Attribute zum nominalen Kern *Gottesdienst.* Die Distanzstellung zu *Gottesdienst* macht die Interpretation als Attribut fragwürdig. *Neun Uhr* kann als eigenständiges Satzglied gelesen werden (*Um neun Uhr/Dann fährt man am Palmsonntag zum Gottesdienst.)* oder auch als zusätzliche Information zu *Palmsonntag* (*Am Palmsonn-*

tag, neun Uhr, fährt man zum Gottesdienst.). Im ersten Fall liegt – abhängig davon, ob man sich auf das Fahren oder den Gottesdienst bezieht – eine temporale Adverbialangabe oder ein Attribut zum nominalen Kern *Gottesdienst* vor. Im zweiten Fall handelt es sich um ein Attribut zum nominalen Kern *Palmsonntag*.

2.97 Satz 97

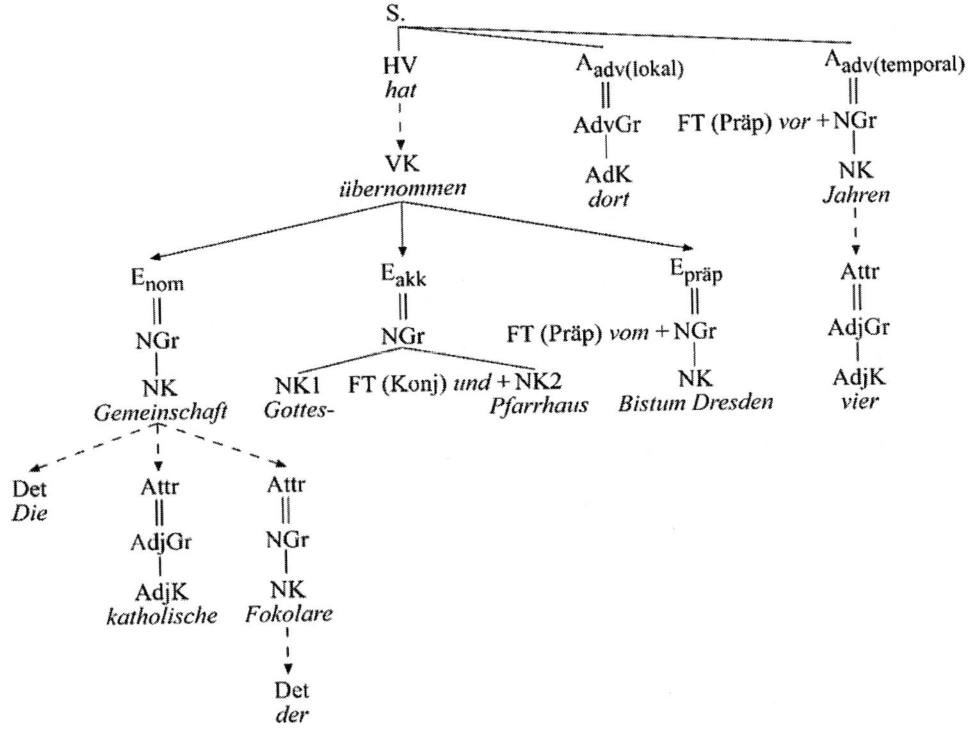

Abbildung 103: *Die katholische Gemeinschaft der Fokolare hat dort vor vier Jahren Gottes- und Pfarrhaus vom Bistum Dresden übernommen.* (Satz 97)

Kommentare

Bistum Dresden

Hier liegt eine determinative Apposition vor: ‘das Bistum von Dresden’. Hauptkern dieses komplexen Phrasenkerns ist *Bistum*, appositiver Nebenkern ist *Dresden*.

2.98 Satz 98

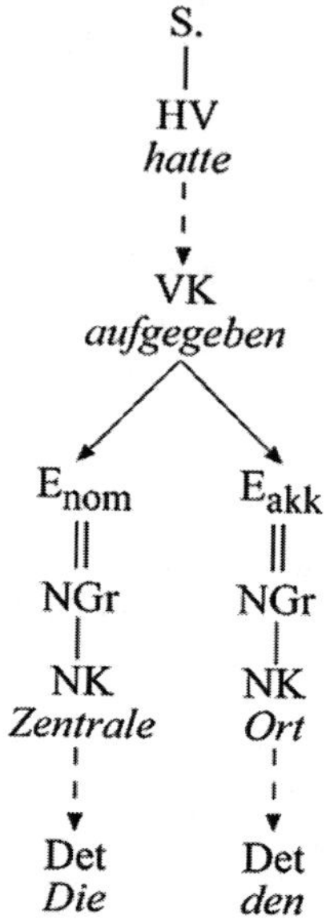

Abbildung 104: *Die Zentrale hatte den Ort aufgegeben.* (Satz 98)

2.99 Satz 99

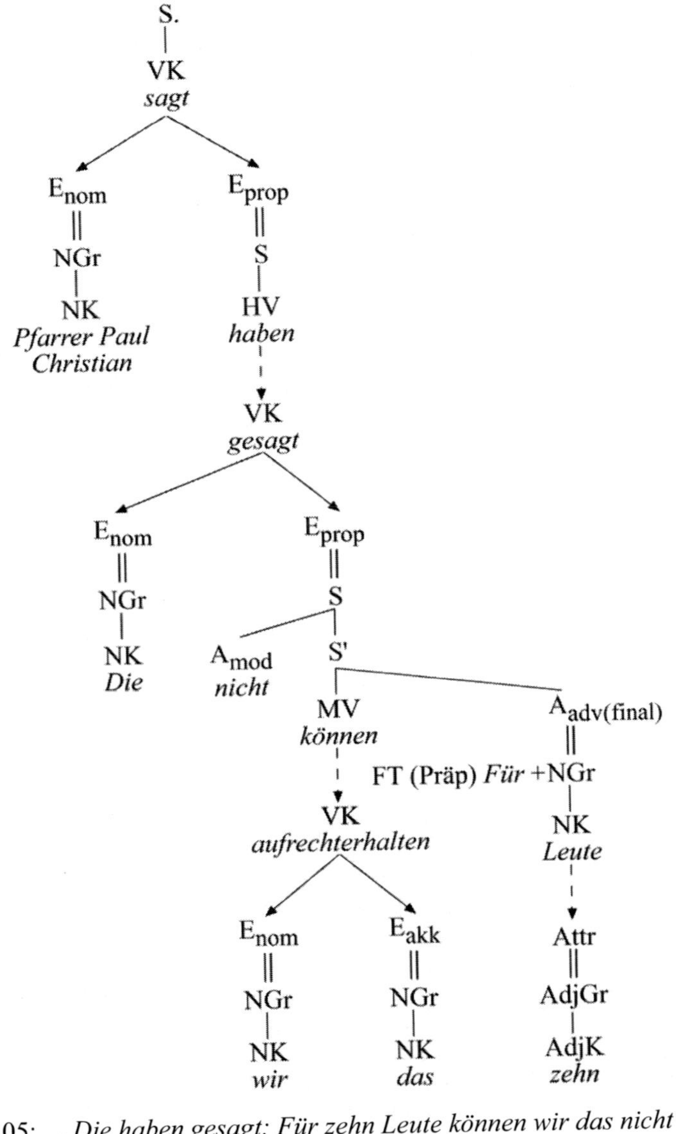

Abbildung 105: *„Die haben gesagt: Für zehn Leute können wir das nicht aufrechterhalten“, sagt Pfarrer Paul Christian.* (Satz 99)

Kommentare

Pfarrer Paul Christian

Gallmann führt diese Art von komplexen Phrasenkernen unter dem Terminus ‚Mehrteiliger Eigenname‘: „Bestimmte Gattungsbezeichnungen können in den Eigennamen integriert werden. Standardsprachlich ist dies am Fehlen des Artikels erkennbar. […]

Dazu zählen insbesondere Titel-, Berufs- und Verwandtschaftsbezeichnungen." (Gallmann 2009: 989). Das heißt, dass die Berufsbezeichnung *Pfarrer* hier Teil eines mehrteiligen Eigennamens ist. Die Berufsbezeichnung ist der appositive Nebenkern des komplexen Phrasenkerns, Hauptkern ist der Name *Paul Christian. Paul Christian* ist wiederum ein mehrteiliger Eigenname mit dem Vornamen als appositiven Nebenkern und dem Nachnamen als Hauptkern.

2.100 Satz 100

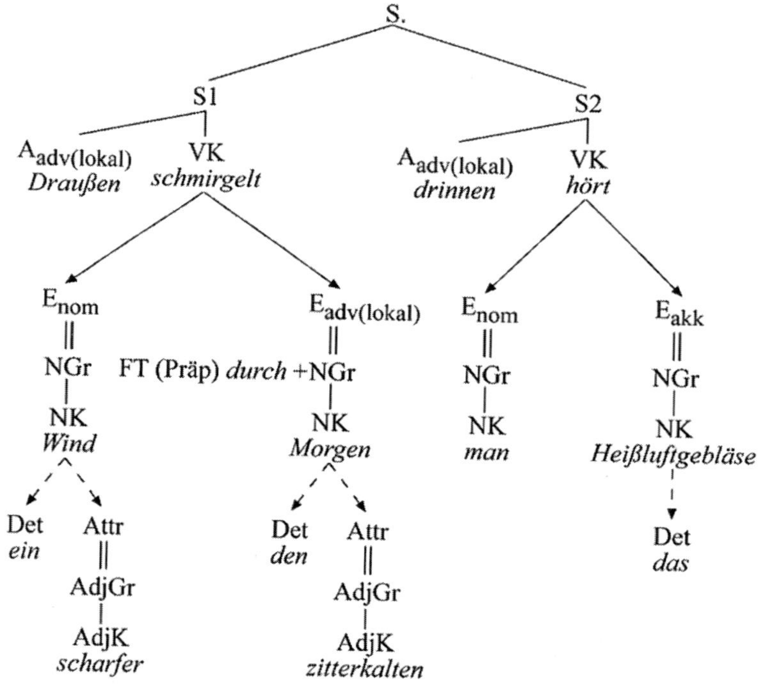

Abbildung 106: *Draußen schmirgelt ein scharfer Wind durch den zitterkalten Morgen, drinnen hört man das Heißluftgebläse.* (Satz 100)

Kommentare

schmirgeln

Das Verb *schmirgeln* ist hier nicht in seiner Grundbedeutung 'mit Schmirgelpapier o.Ä. bearbeiten, schleifen bzw. durch Schmirgeln entfernen' (DUW s. v. *schmirgeln*) verwendet, sondern in einer übertragenen Bedeutung, die man als 'sich schmirgelnd irgendwohin bewegen' bezeichnen könnte.[34] Deswegen wird das Satzglied *durch den*

[34] Es handelt sich dabei um eine ähnliche Verwendungsweise oder ein ähnliches sprachliches Vorkommen wie bei den Konstruktionen mit sog. ‚Geräusch-als-Bewegung-Verben' (etwa *ein Lastwagen rumpelte vorüber*), für die sich derzeit vor allem die Konstruktionsgrammatik stärker interessiert (vgl. Ziem/Lasch 2013: 173-185).

zitterkalten Morgen als Adverbialergänzung gewertet. Alternativ könnte man dieses Satzglied auch als lokale Adverbialangabe ansehen.

2.101 Satz 101

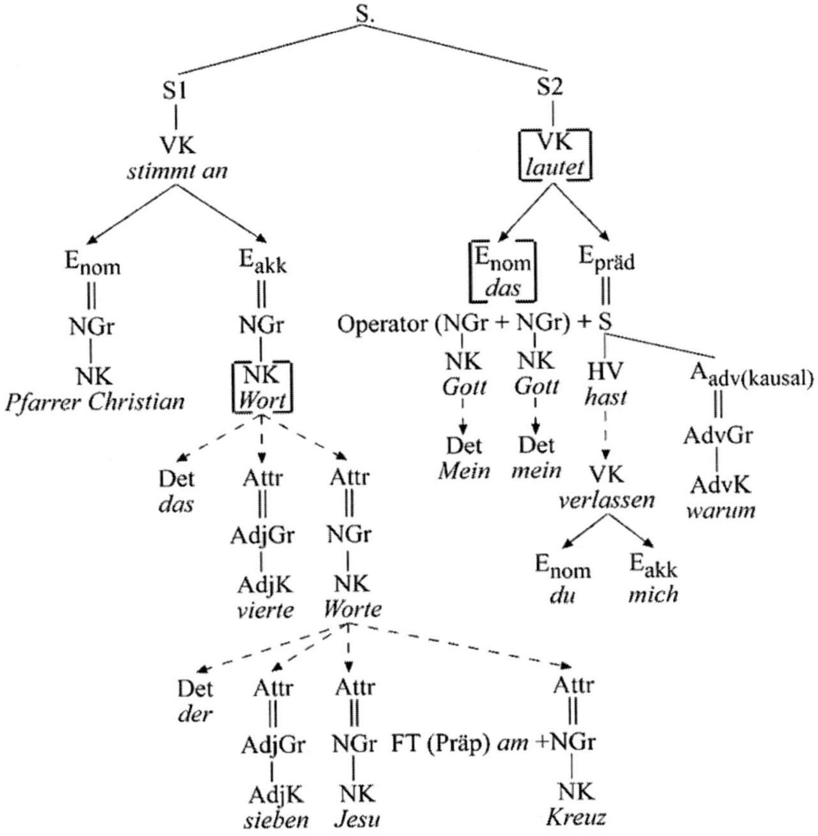

Abbildung 107: *Pfarrer Christian stimmt das vierte der sieben Worte Jesu am Kreuz an: „Mein Gott, mein Gott, warum hast Du mich verlassen?“* (Satz 101)

Kommentare

Pfarrer Christian

Dieser mehrteilige Eigenname bildet einen komplexen Phrasenkern mit dem Hauptkern *Christian* und dem appositiven Nebenkern *Pfarrer* (s. Satz 99).

das vierte der sieben Worte

Hier liegt eine Ellipse vor, der nominale Kern *Wort* wird nur einmal realisiert: *das vierte [Wort] der sieben Worte.* Der Kontext, sowie der bestimmte Artikel *das* als auch das attributive, im Kasus und Numerus kongruierende Adjektiv *vierte* machen sehr deutlich, dass hier das Substantiv *Wort* elliptisch zu ergänzen ist.

Jesu am Kreuz

Jesu am Kreuz könnte auch als Attribut zu dem elliptischen nominalen Kern *Wort* gesehen werden.

„Mein Gott, mein Gott, warum hast du mich verlassen?"

Diese direkte Rede gibt das Wort Jesu wieder. Der Anschluss ist nicht explizit ausgeführt, im Text steht nur ein Doppelpunkt. Je nachdem, wie man den Anschluss interpretiert, ist die direkte Rede Teil eines Satzgefüges mit einem elliptischen Hauptsatz (a) oder ein Satzgliedsatz eines elliptischen Attributsatzes zu *Wort* (b): (a) *Pfarrer Christian stimmt das vierte der sieben Worte Jesu am Kreuz an: [Das lautet/Er stimmt an:] „Mein Gott, mein Gott, warum hast du mich verlassen?"* oder (b) *Pfarrer Christian stimmt das vierte der sieben Worte Jesu am Kreuz an [, das lautet:] „Mein Gott, mein Gott, warum hast du mich verlassen?"* Im Baumgraph ist die Alternative (a) dargestellt.

Mein Gott, mein Gott

Wir verstehen die doppelte Anrede *mein Gott, mein Gott* als Operator in einer Operator-Skopus-Struktur. Der Skopus ist der Fragesatz *Warum hast du mich verlassen?* Die Anrede als Operator steht im Vorvorfeld des Skopus und übernimmt somit keine syntaktische Funktion im Fragesatz.

2.102 Satz 102

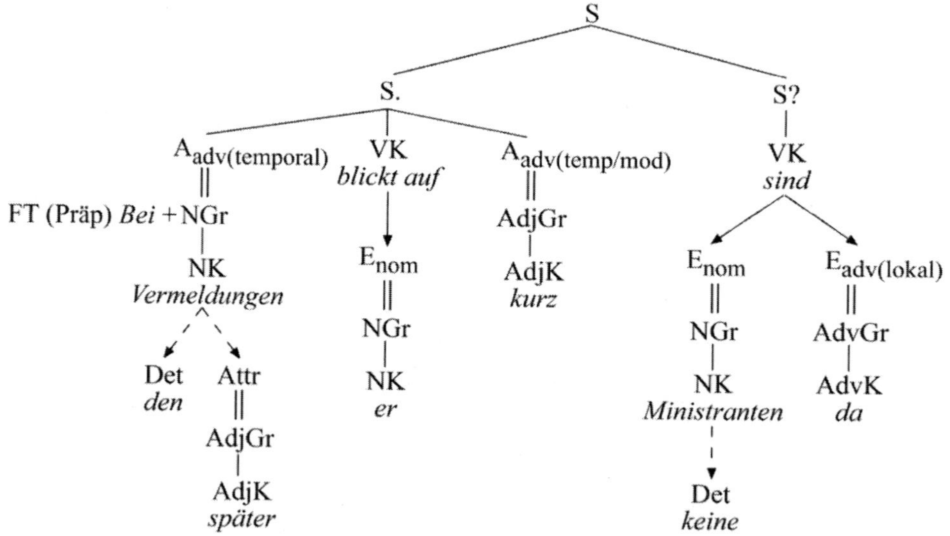

Abbildung 108: *Bei den Vermeldungen später blickt er kurz auf: „Ministranten sind keine da?* (Satz 102)

Kommentare

später

Es gibt die Form *später* als Komparativ zum Adjektiv *spät* und als Adverb. In dem Satzglied *bei den Vermeldungen später* ist *später* aufgrund seiner Bedeutung und Stellung als das Adverb zu erkennen. Im Gegensatz zum Adjektiv *spät* ('in der Zeit weit fortgeschritten, sich dem Ende zuneigend' DUW, s. v. *spät*) bedeutet das Adverb *später* 'nach einer gewissen Zeit, danach' (DUW, s. v. *später*). Im Kontext wird also klar, dass hier das Adverb vorliegt. Außerdem werden attributive Adjektive eher ihrem Bezugswort vorangestellt (z. B. *die späteren Vermeldungen*), während adverbiale Attribute oft nachgestellt werden (z. B. *der Mann dort*).

keine

Das Satzglied *keine Ministranten* kommt in diesem Satz diskontinuierlich vor: *Ministranten sind keine da*. Gallmann schreibt dazu, dass „[i]ndefinite (unbestimmte) Nominalphrasen […] »aufgespalten« werden [können], wenn sie – je nach Verb – die Funktion eines Subjekts oder Akkusativsobjekts haben" (Gallmann 2009: 774). Dass es sich um ein Satzglied handelt, sieht man daran, dass die Nominalphrase als Ganzes ins Vorfeld verschiebbar ist: *Keine Ministranten sind da*. Das diskontinuierliche Satzglied kann übrigens nur in einer Stellung vorkommen, die umgekehrte Stellung ist nicht grammatisch: **Keine sind Ministranten da.*

2.103 Satz 103

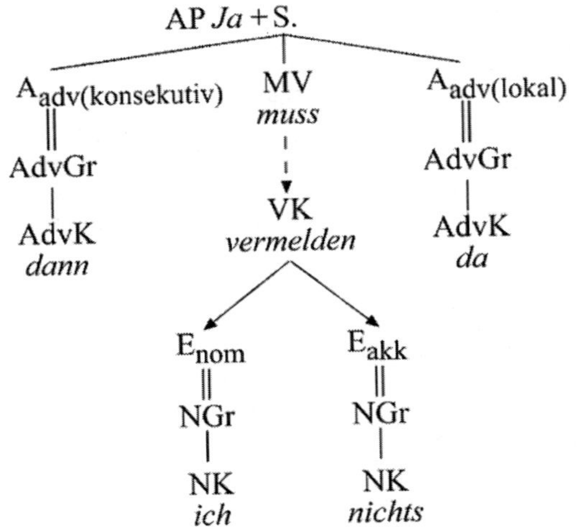

Abbildung 109: *Ja, dann muss ich da nichts vermelden."* (Satz 103)

Kommentare

Ja

Die Antwortpartikel *ja* drückt Zustimmung aus. Da Antwortpartikeln für eine vollständige Äußerung stehen (hier für *Ministranten sind keine da*), gelten sie als satzwertig (vgl. Nübling 2009: 596). Die Antwortpartikel steht im Vorvorfeld des Satzes (wie z. B. auch Konjunktionen), sie ist kein Bestandteil des Satzes *dann muss ich da nichts vermelden.*

dann

Je nach Lesart ist die Adverbialangabe *dann* als konsekutiv (= dass nichts zu vermelden ist, ist die Folge der Feststellung, dass keine Ministranten da sind) oder konditional

(= da die Bedingung, dass keine Ministranten da sind, erfüllt ist, muss nichts vermeldet werden) zu interpretieren.

da

Zur Semantik der Adverbialangabe *da* s. die Bemerkungen im Kommentar zu Satz 17.

2.104 Satz 104

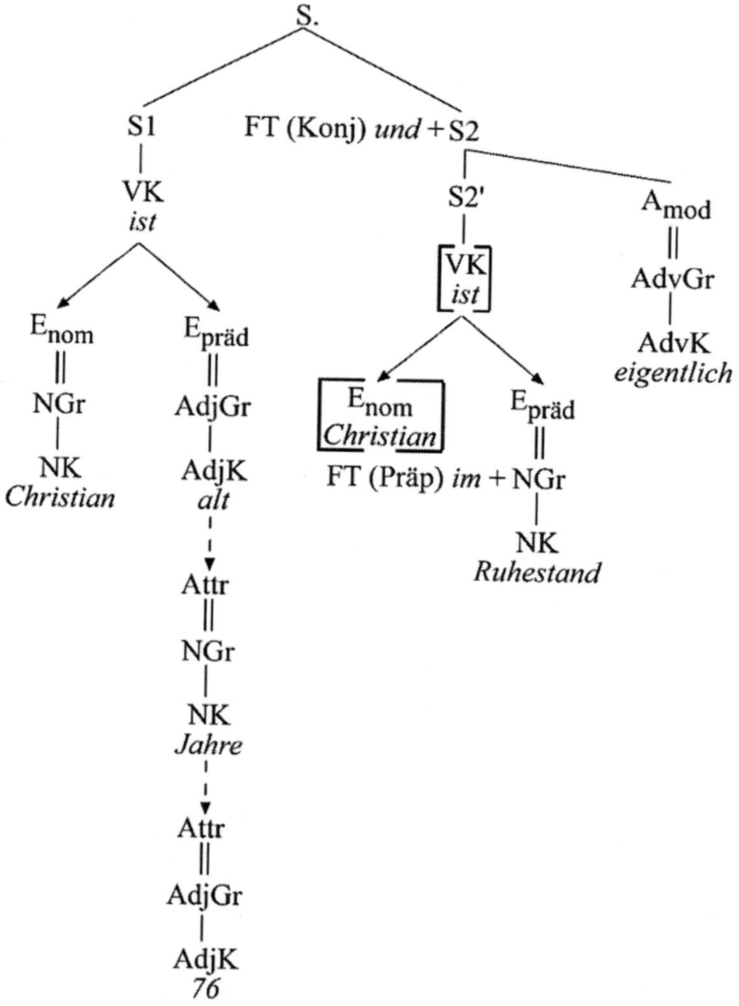

Abbildung 110: *Christian ist 76 Jahre alt und eigentlich im Ruhestand.* (Satz 104)

Kommentare

und eigentlich im Ruhestand

Der zweite Satz dieser Satzreihe ist elliptisch. Aus dem Kontext ist er folgendermaßen ergänzt worden: *und [Christian ist] eigentlich im Ruhestand.*

2.105 Satz 105

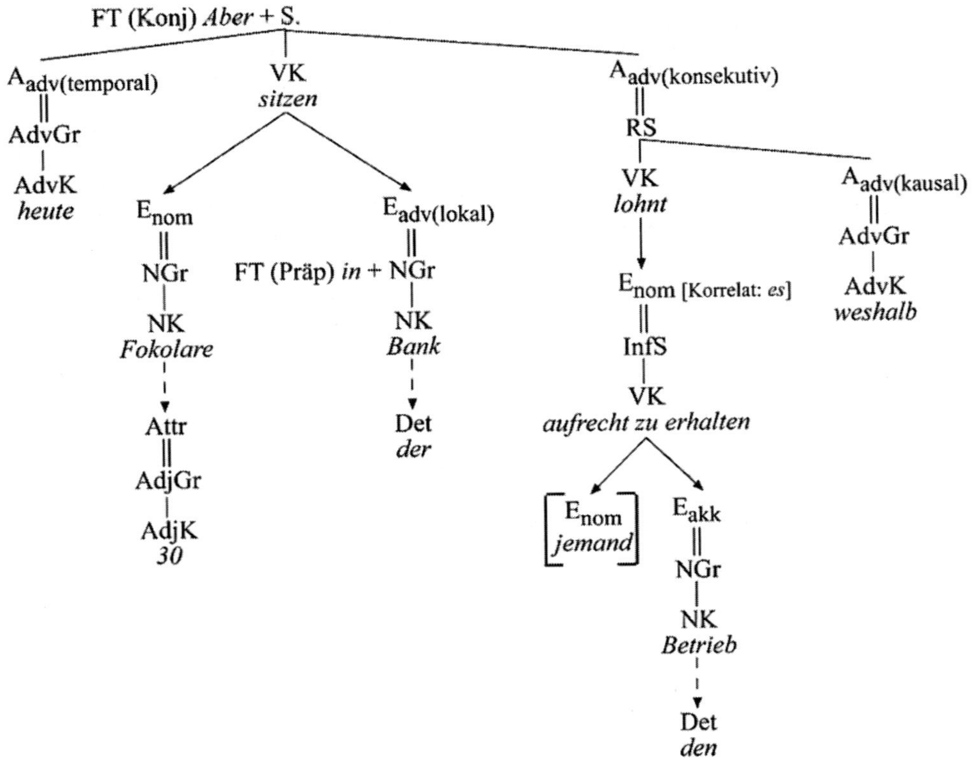

Abbildung 111: *Aber heute sitzen 30 Fokolare in der Bank, weshalb es lohnt, den Betrieb aufrecht zu erhalten.* (Satz 105)

Kommentare

es

Das Korrelat *es* stützt die folgende nebensatzwertige Infinitivphrase *den Betrieb aufrecht zu erhalten.*

aufrecht zu erhalten

Das Verb *aufrecht erhalten* ist zweiwertig: 'Jemand erhält etwas aufrecht'. Die Nominativergänzung ist hier wegen der Infinitivphrase nicht realisiert (s. Satz 36).

2.106 Satz 106

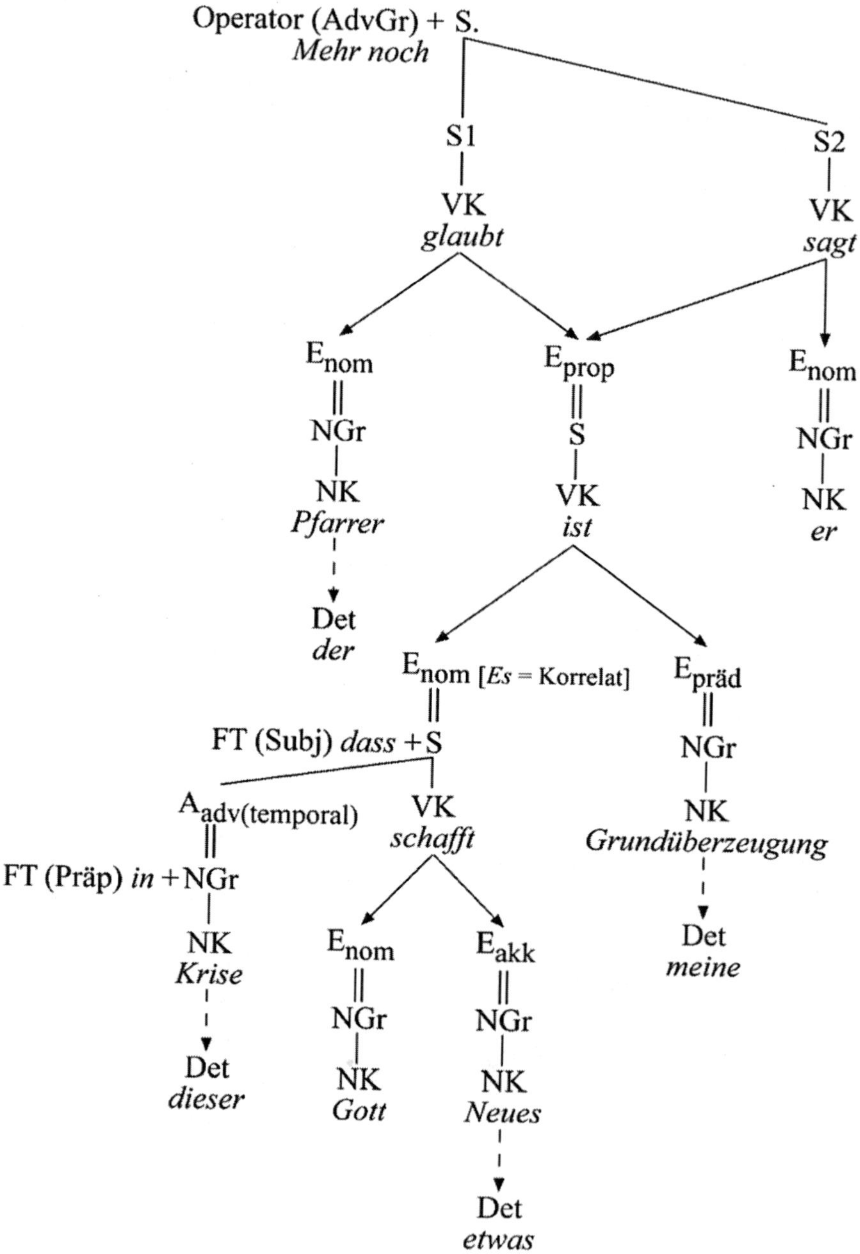

Abbildung 112: *Mehr noch, der Pfarrer glaubt: „Es ist meine Grundüberzeugung, dass Gott in dieser Krise etwas Neues schafft“, sagt er.* (Satz 106)

Kommentare

Mehr noch

Die adverbiale Gruppe *mehr noch* steht im Vorvorfeld des Satzes, was durch das Komma zwischen Vorvorfeld und Vorfeld ausdrücklich in der Schrift markiert ist. *Mehr noch* verstehen wir als Operator in einer Operator-Skopus-Struktur (vgl. Satz 10 oder 101). Der nachfolgende Satz *der Pfarrer glaubt … er* ist der Skopus. Der Operator übernimmt im Skopus keine syntaktische Funktion, weswegen er im Baumgraph neben dem Satz steht: Operator (AdvGr) + S.

glauben und *sagen*

Die Verben *glauben* (im Sinne von 'annehmen, meinen' (DUW s. v. *glauben*)) und *sagen* sind hier sehr bedeutungsähnlich, sie gehören beide zur Gruppe der Verba dicendi.[35] Die ausdrucksseitige Valenz ist gleich: Die zweiwertigen Verben eröffnen Leerstellen für eine Nominativergänzung (Agens) und für eine Propositionalergänzung (das Gesagte). Die Nominativergänzung zu *glauben* ist als die Substantivphrase *der Pfarrer* realisiert, die Nominativergänzung zu *sagen* als das Pronomen *er*. Die satzförmige Propositionalergänzung hingegen ist nur einmal als direkte Rede „*Es ist …. schafft.*" realisiert.

Es

Das Korrelat *es* stützt den folgenden Nebensatz *dass … schafft*.

ist

Das Kopulaverb *sein* regiert zwei Ergänzungen, die hier *meine Grundüberzeugung* und *dass … schafft* lauten. Welche Ergänzung davon die Nominativergänzung und welche die Prädikativergänzung ist, kann nicht eindeutig bestimmt werden.[36] Da in einer unmarkierten Satzgliedfolge tendenziell die Nominativergänzung vor der Prädikativergänzung steht, wird im Baumgraph der durch das Korrelat *Es* zuerst genannte Nebensatz *dass … schafft* als Nominativergänzung angesehen.

35 „In der Altphilologie Bez[eichnung] für eine semant[isch] bestimmte Gruppe von Verben bzw. Phraseologismen, die eine Sprech- oder Denktätigkeit bezeichnen und Matrixverben zu Konstituenzsätzen sind, in denen das Gesagte oder Gedachte ausgedrückt wird, z.B. *sagen, denken, schreiben, vermuten, der Meinung sein* u.a." (Glück/Glück-Schmidt in Glück 2000 s. v. Verbum dicendi)

36 „Bei allen Prädikativen […] lässt sich die folgende Präferenz beobachten: Tendenz: Bezugsphrase > Prädikativ. […] Bei Prädikativkonstruktionen mit dem Verb *sein* können andere Faktoren, insbesondere die Informationsverteilung des Satzes, stärker sein, vor allem wenn sowohl Bezugsphrase als auch Prädikativ definite Nominalphrasen sind." (Gallmann 2009: 873f.)

2.107 Satz 107

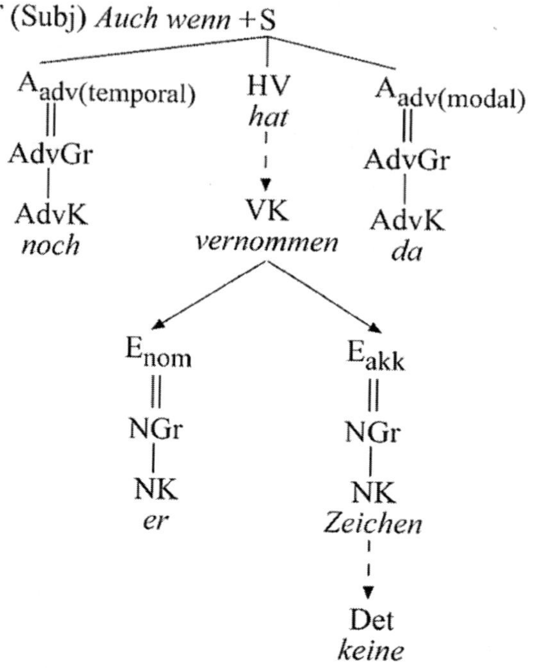

Abbildung 113: *Auch wenn er da noch keine Zeichen vernommen hat.* (Satz 107)

Kommentare

Auch wenn

Nübling zählt *auch wenn* zu den konzessiven Subjunktionen (vgl. Nübling 2009: 633). Im DUW steht unter dem Lemma *auch* als Partikel, dass die Partikel „in Verbindung mit »wenn«, »so« od[er] »wie«" (DUW s. v. *auch*) einräumend sei. Zum Beispiel *wenn er auch* wird als synonym zu *obwohl er* angegeben. Dementsprechend ist *auch wenn* im Baumgraph als Subjunktion dargestellt.

da

Zur Semantik der Adverbialangabe *da* s. die Bemerkungen im Kommentar zu Satz 17.

2.108 Satz 108

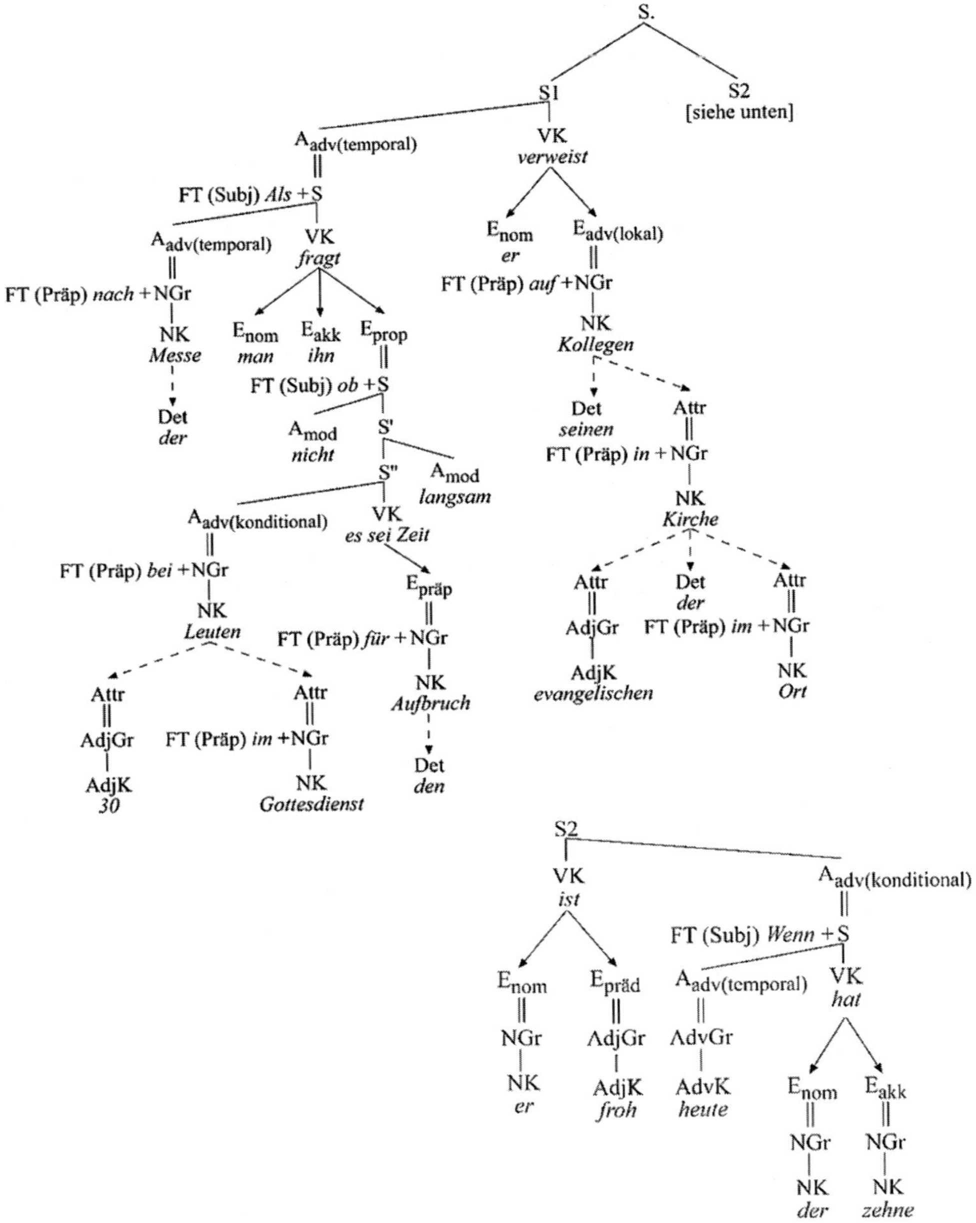

Abbildung 114: *Als man ihn nach der Messe fragt, ob es bei 30 Leuten im Gottesdienst nicht langsam Zeit sei für den Aufbruch, verweist er auf seinen Kollegen in der evangelischen Kirche im Ort: „Wenn der heute zehne hat, ist er froh."* (Satz 108)

Kommentare

fragen

Das Verb *fragen* kommt laut VALBU in mehreren Bedeutungen vor, die sich in der ausdrucksseitigen Valenz unterscheiden. *Fragen* in der Bedeutung 'jemandem eine Frage stellen' (s. VALBU s. v. *fragen* 1) ist dreiwertig mit einer Nominativ- (= derjenige, der die Frage stellt), einer Akkusativ- (= derjenige, dem die Frage gestellt wird) und einer Propositionalergänzung (= dasjenige, nach dem die Frage gestellt wird). *Fragen* in der Bedeutung 'sich bei jemandem nach jemandem/etwas erkundigen' (s. VALBU s. v. *fragen* 2) ist ebenfalls dreiwertig mit einer Nominativ- (= derjenige, der sich erkundigt), einer Akkusativ- (= derjenige, bei dem man sich erkundigt) und einer Präpositionalergänzung (= dasjenige, nach dem man sich erkundigt). Im Satz 108 ist die Bedeutung von *fragen* nicht eindeutig zu bestimmen, es könnte sich um *fragen* im Sinne von 'Frage stellen' und um *fragen* im Sinne von 'sich erkundigen' handeln. Die Nominativergänzung *man* und die Akkusativergänzung *ihn* sind ohne Zweifel festzustellen. Ob es sich bei dem Nebensatz *ob … für den Aufbruch* um eine Propositionalergänzung oder um eine Präpositionalergänzung handelt, kann formal nicht geklärt werden, da bei einer satzförmigen Präpositionalergänzung ein Korrelat nicht zwingend notwendig ist. Wenn man davon ausgeht, dass die folgenden zwei Sätze die gleiche Bedeutung haben, muss man neben einer Propositionalergänzung auch eine Präpositionalergänzung akzeptieren: *Als man ihn nach der Messe fragt, ob es […] Zeit sei für den Aufbruch, …* vs. *Als man ihn nach der Messe danach fragt, ob es […] Zeit sei für den Aufbruch, …*

es sei Zeit

Im DUW wird *es ist Zeit* als Redewendung in der Bedeutung 'der Zeitpunkt ist gekommen, etwas zu tun' aufgeführt (DUW s. v. *Zeit*). Bei *es* als Teil dieser festen Redewendung handelt es sich somit um ein Scheinsubjekt. Die Redewendung *es ist Zeit* bildet den komplexen verbalen Kern des Satzes. Der verbale Kern *es ist Zeit* ist einwertig und regiert die Präpositionalergänzung *für den Aufbruch*.

langsam

Das Satzglied *langsam* beschreibt hier nicht die Geschwindigkeit des verbalen Geschehens *es sei Zeit*: *Er läuft langsam die Treppe hinauf* vs. *Es sei langsam Zeit*. Somit liegt hier keine Adverbialangabe, sondern eine Sprecherbewertung vor, sodass *langsam* im Baumgraph als Modalitätsangabe dargestellt ist.

2.109 Satz 109

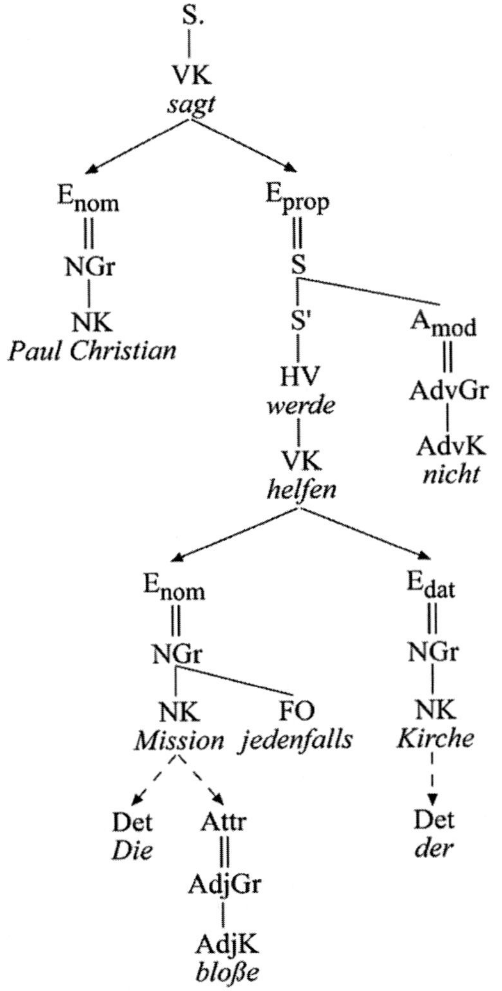

Abbildung 115: *Die bloße Mission jedenfalls werde der Kirche nicht helfen, sagt Paul Christian.* (Satz 109)

Kommentare

Paul Christian

Paul Christian ist ein mehrteiliger Eigenname, s. Satz 18.

jedenfalls

Aufgrund der Stellung im Verbzweitsatz ist eindeutig zu erkennen, dass *die bloße Mission jedenfalls* ein Satzglied ist. Hier ist *jedenfalls* also kein Satzadverb, sondern eine Fokuspartikel.

2.110 Satz 110

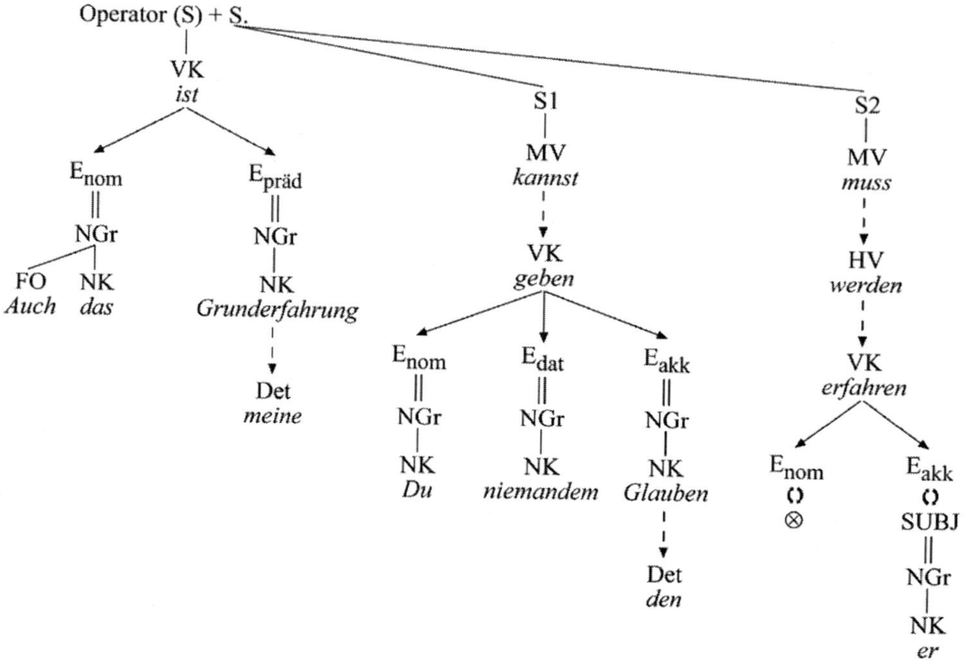

Abbildung 116: *„Auch das ist meine Grunderfahrung: Du kannst niemandem den Glauben geben, er muss erfahren werden."* (Satz 110)

Kommentare

Auch das ist meine Grunderfahrung

Wir verstehen diesen Satz als Operator in einer Operator-Skopus-Struktur (vgl. Satz 10). Der Skopus ist die nachfolgende Satzreihe *Du kannst … erfahren werden.* Der Operator steht im Vorvorfeld des Skopus und übernimmt somit keine syntaktische Funktion im komplexen Satz. Deshalb die Schreibweise im Baumgraph: Operator (S) + S.

erfahren werden

Vorgangspassiv (s. die allgemeinen Erklärungen zum Passiv in den Vorbemerkungen).

2.111 Satz 111

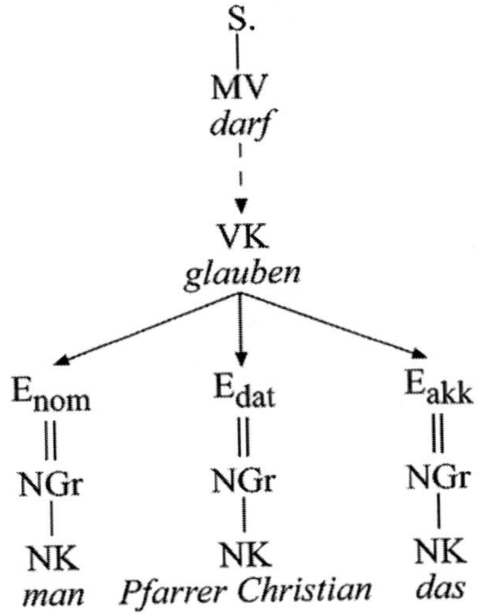

Abbildung 117: *Pfarrer Christian darf man das glauben.* (Satz 111)

Kommentare

Pfarrer Christian

Dieser komplexe Phrasenkern wird mit Gallmann als mehrteiliger Eigenname betrachtet, s. Satz 99.

2.112 Satz 112

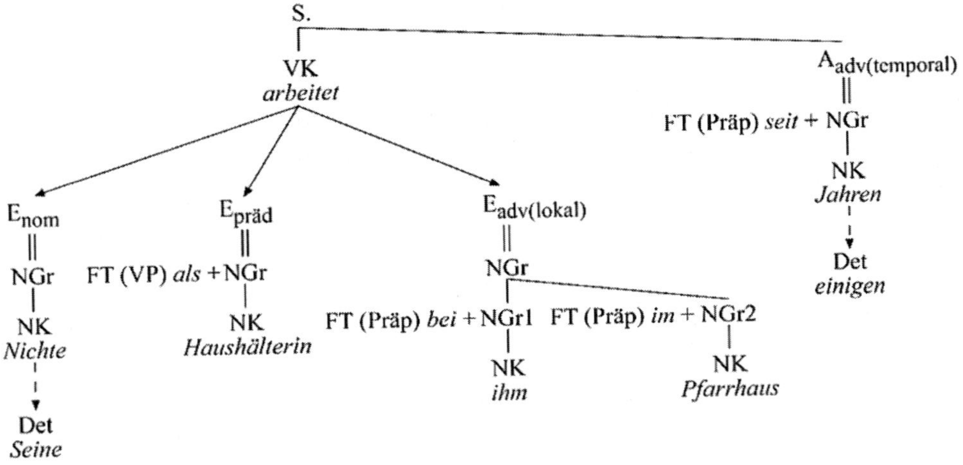

Abbildung 118: *Seine Nichte arbeitet seit einigen Jahren bei ihm im Pfarrhaus als Haushälterin.* (Satz 112)

Kommentare

arbeiten

Laut VALBU ist das Verb *arbeiten* in der Bedeutung 'in einem Arbeits-, Dienstverhältnis zu etwas stehen und eine entsprechende Tätigkeit ausüben' zweiwertig mit einer Nominativ- und einer Präpositionalergänzung (s. VALBU s. v. *arbeiten* 2). Die Nominativergänzung gibt die arbeitende Person an, die Präpositionalergänzung denjenigen bzw. die Institution, zu dem bzw. zu der das Arbeitsverhältnis besteht. Obwohl in der Bedeutungsbeschreibung des VALBU die Tätigkeit mit angegeben wird und obwohl in vielen Beispielen die Tätigkeit aufgeführt wird, wird sie vom VALBU nicht als Ergänzung gewertet. Wir halten die „entsprechende Tätigkeit" trotzdem für valenzabhängig, eben weil sie Teil der Bedeutungsbeschreibung von *arbeiten* ist und sehr häufig in Sätzen mit diesem Verb vorkommt. Somit ist im Baumgraph *arbeiten* dreiwertig dargestellt mit einer Prädikativergänzung *als Haushälterin* zusätzlich zu den anderen Ergänzungen. Wenn man *arbeiten* wie das VALBU als zweiwertig betrachtet, ist *als Haushälterin* eine Prädikativangabe. Außerdem betrachten wir die Ergänzung *bei ihm im Pfarrhaus* als lokale Adverbialergänzung – und nicht als Präpositionalergänzung –, da hier der Dienstort angegeben wird, der auch mit *Wo?* erfragt werden könnte: *Wo arbeitet seine Nichte? - Beim Pfarrer im Pfarrhaus.*

bei ihm im Pfarrhaus

Der Arbeitsort wird im Text zweifach angegeben: *bei ihm* und *im Pfarrhaus*. D. h. die Adverbialergänzung besteht hier aus zwei Nominalgruppen, die durch zwei verschiedene Präpositionen (*bei* und *im*) gefügt werden (vgl. Satz 18).

einigen

Laut DUW ist *einige* ein Indefinitpronomen und unbestimmtes Zahlwort (DUW s. v. *einig*) und gehört als Zahlwort zu den Adjektiven. Gallmann nennt bei *einige* nur die Wortart Indefinitpronomen (Gallmann 2009: 315). Dass die Grenzziehung zwischen Adjektiven und Pronomen vielfach schwierig ist, zeigen weitere Beispiele wie *viel, solch, beide* oder *wenig*. Gallmann weist als Unterscheidungskriterium auf Folgendes hin: „Im Unterschied zu quantifizierenden Adjektiven (unbestimmten Zahladjektiven) können Indefinita nicht nach anderen Artikelwörtern stehen. In Zweifelsfällen macht man eine entsprechende Einsetzprobe: *alle* → *die *allen Bücher* (also Indefinitum) [vs] *andere* → *die anderen Bücher* (also Zahladjektiv)" (Gallmann 2009: 309). Dementsprechend wird *einigen* hier als Indefinitpronomen betrachtet.

2.113 Satz 113

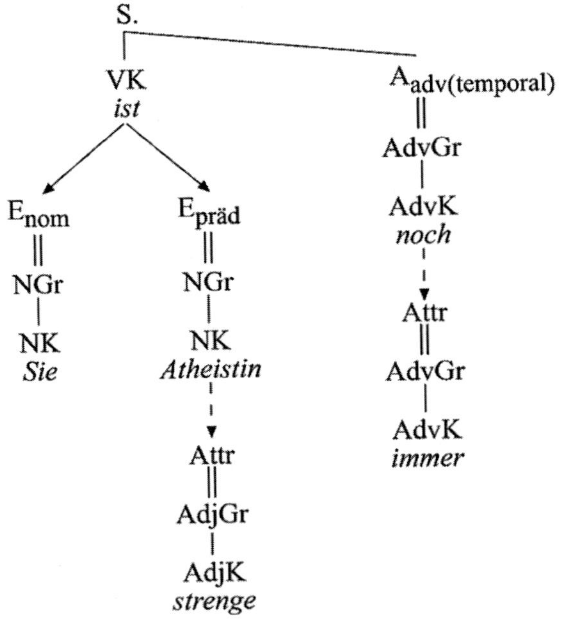

Abbildung 119: *Sie ist noch immer: strenge Atheistin.* (Satz 113)

Kommentare

:

Der Doppelpunkt im Satz stellt hier die Prädikativergänzung heraus. „Der Doppelpunkt : signalisiert, dass etwas folgt. Er schafft ohne Konnektoren eine enge sinngemäße Verbindung zwischen einzelnen Sätzen oder Satzteilen." (Fritz 2009: 1064) Im Lesefluss dieses kurzen Satzes bewirkt der Doppelpunkt eine kurze Pause, bevor sozusagen aufgelöst wird, was sie noch immer ist.

3. Analyse der Überschriften und der Autorenzeile

3.1 Überschrift 1

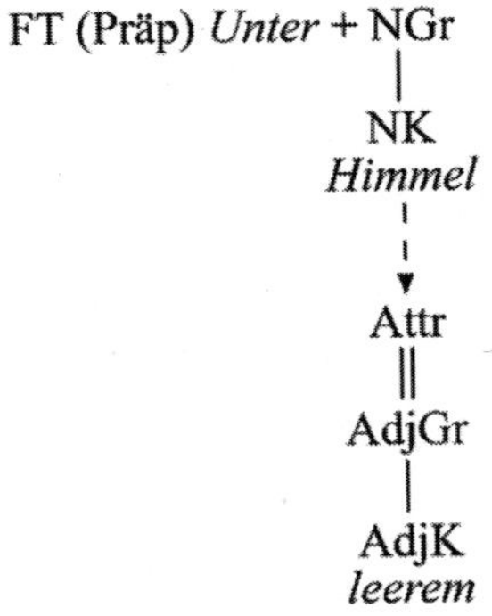

Abbildung 120: *Unter leerem Himmel* (Überschrift 1)

3.2 Autorenzeile

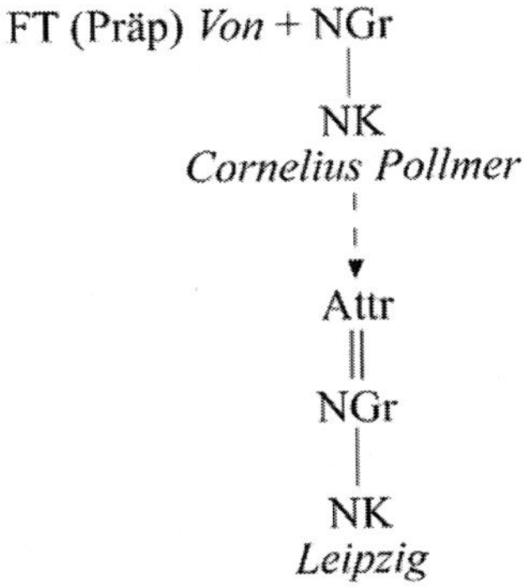

Abbildung 121: *Von Cornelius Pollmer, Leipzig* (AZ)

Kommentare

Cornelius Pollmer
Mehrteiliger Eigenname (vgl. *Michael Triegel* Satz 18).

3.3 Überschrift 2

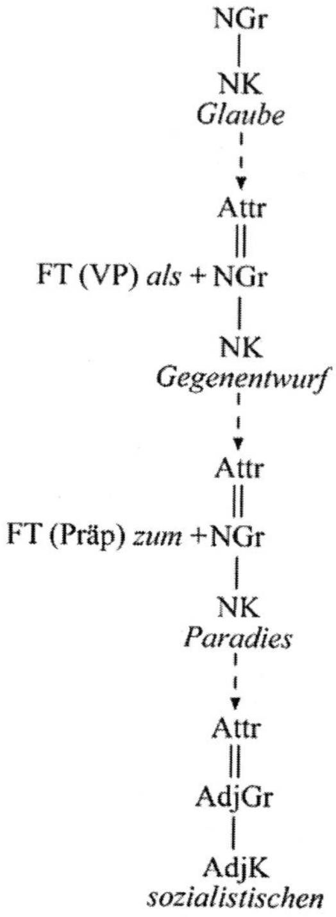

Abbildung 122: *Glaube als Gegenentwurf zum sozialistischen Paradies* (Überschrift 2)

3.4 Überschrift 3

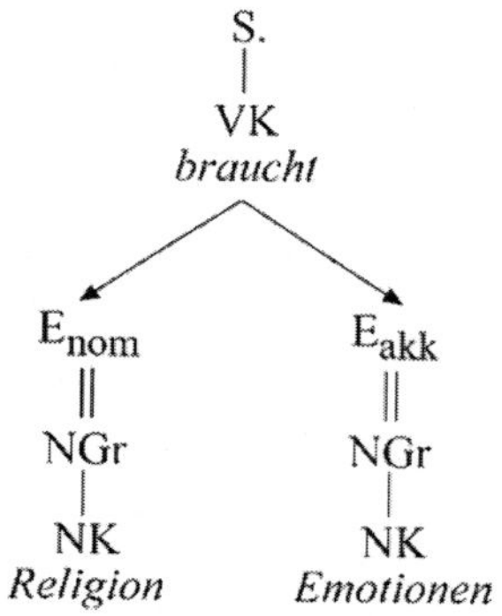

Abbildung 123: *Religion braucht Emotionen* (Überschrift 3)

4. Literatur

Amtliche Regelung der deutschen Rechtschreibung = Rat für deutsche Rechtschreibung (Hrsg.) (2006).

Barz, Irmhild (2009): Die Wortbildung. – In: Dudenredaktion (Hrsg.). S. 634-762.

Blidschun, Claudia (2011): Systemstrukturen des Deutschen. Würzburg: Lehrstuhl für deutsche Sprachwissenschaft. (= WespA. Würzburger elektronische sprachwissenschaftliche Arbeiten; 11). [http://opus.bibliothek.uni-wuerzburg.de/frontdoor.php?source_opus=6551&la=de.].

Bußmann, Hadumod (²1990): Lexikon der Sprachwissenschaft. Stuttgart: Kröner.

Dudenredaktion (Hrsg.) (⁷2009): Die Grammatik. Unentbehrlich für richtiges Deutsch. Mannheim u. a.: Bibl. Institut & Brockhaus.

DUW = Dudenredaktion (Hrsg.) (⁶2006): Duden. Das Universalwörterbuch. Das umfassende Bedeutungswörterbuch der deutschen Gegenwartssprache. Mannheim: Bibl. Inst.

Eisenberg, Peter (³2006): Grundriss der deutschen Grammatik. Bd. 2: Der Satz. Stuttgart/Weimar: Metzler.

Engel, Ulrich (2004): Deutsche Grammatik. Neubearbeitung. München: Iudicium.

Eroms, Hans-Werner (2000): Syntax der deutschen Sprache. Berlin/New York: de Gruyter.

Fabricius-Hansen, Cathrine (2009): Das Verb. – In: Dudenredaktion (Hrsg.) (⁷2009). S. 389-566.

Fiehler, Reinhard (2009): Gesprochene Sprache. – In: Dudenredaktion (Hrsg.). S. 1165-1244.

Fleischer, Wolfgang und Irmhild Barz (⁴2012): Wortbildung der deutschen Gegenwartssprache. Berlin/Boston: de Gruyter.

Fritz, Thomas (2009): Der Text. – In: Dudenredaktion (Hrsg.) (⁷2009). S. 1057-1164.

Fuhrhop, Nanna (2003): ‚Berliner' Luft und Potsdamer' Bürgermeister: Zur Grammatik der Stadtadjektive. – In: Linguistische Berichte 193. S. 91-108.

Gallmann, Peter (2009):
Die flektierbaren Wortarten. – In: Dudenredaktion (Hrsg.) (⁷2009). S. 145-388.
Der Satz. – In: Dudenredaktion (Hrsg.) (⁷2009). S. 763-1056.

Glück, Helmut (²2000): Metzler Lexikon Sprache. Stuttgart/Weimar: Metzler.

Nübling, Damaris (2009): Die nicht flektierbaren Wortarten. – In: Dudenredaktion (Hrsg.). S. 567-633.

Pafel, Jürgen (2011): Einführung in die Syntax. Grundlagen, Strukturen, Theorien. Stuttgart: Metzler.

Roolfs, Friedel Helga (2011): „Wenn das Münsteraner Nebelmeer der Sonne endlich Durchgang verstattet." – Der Gebrauch von *–aner* in Stadtadjektiven wie *Münsteraner* und *Hannoveraner*. – In: Freienstein, Jan Claas, Jörg Hagemann und Sven Staffeldt (Hrsg.): Äußern und Bedeuten. Festschrift für Eckard Rolf. Tübingen: Stauffenburg. S. 295-310.

Rat für deutsche Rechtschreibung (Hrsg.) (2006): Deutsche Rechtschreibung. Regeln und Wörterverzeichnis. Amtliche Regelung. Tübingen: Narr.

Schumacher, Helmut, Jacqueline Kubczak, Renate Schmidt und Vera de Ruiter (2004): VALBU – Valenzwörterbuch deutscher Verben. Tübingen: Narr.

Sommerfeldt, Karl-Ernst und Herbert Schreiber (1977): Wörterbuch zur Valenz und Distribution deutscher Adjektive. Leipzig: Bibl. Institut.

Staffeldt, Sven, Claudia Zimmermann und Ralf Zimmermann (2014): Würzburger syntaktische Analysen. – In: Hagemann, Jörg und Sven Staffeldt (Hrsg.): Syntaxtheorien. Analysen im Vergleich. Tübingen: Stauffenburg. S. 63-94.

Tesnière, Lucien (1980 [frz. Original 1959]): Grundzüge der strukturalen Syntax. Stuttgart: Klett-Cotta.

VALBU = Schumacher et al. (2004).

Wolf, Norbert Richard (1982): Probleme einer Valenzgrammatik des Deutschen. Innsbruck. (= Mitteilungen aus dem Institut für Sprachwissenschaft der Universität Innsbruck; 3). [http://opus.bibliothek.uni-wuerzburg.de/frontdoor/index/index/docId/3604].

Welke, Klaus ([2]2005): Deutsche Syntax funktional. Perspektiviertheit syntaktischer Strukturen. Tübingen: Stauffenburg.

Ziem, Alexander und Alexander Lasch (2013): Konstruktionsgrammatik. Konzepte und Grundlagen gebrauchsbasierter Ansätze. Berlin/Boston: de Gruyter.

5. Verzeichnis benutzter fachsprachlicher Abkürzungen und Symbole

x
‖ x wird realisiert durch y
y

x
| x besteht aus y (**Konstituenz**)
y

x
↓ x regiert y (**Dependenz**)
y (y ist abhängig von x)

x
↓ x regiert y (**Valenz**)
y (y ist Ergänzung zu x)

x
() x wird konstruktional bedingt zu y (**Umwandler**)
y

x
() x wird konstruktional bedingt nicht realisiert (**Umwandler**)
⊗ (**Tilger**)

() ADV wird konstruktional bedingt an dieser Stelle eingefügt (**Umwandler**)
ADV

[x] x befindet nicht im zu analysierenden Satz, wird aber aus bestimmten Gründen in die visuelle Darstellung aufgenommen.

\+ Verbindungszeichen

? Grammatische Akzeptabilität des Folgenden ist fraglich.

* Das Folgende ist grammatisch nicht akzeptabel.

A	Angabe
A1, A2	Angabe 1, Angabe 2
A_{adv}	Adverbialangabe
$A_{adv(...)}$	„…“ für Semantik, z. B. $A_{adv(temporal)}$ bzw. abgekürzt $A_{adv(temp)}$ für „temporale Adverbialangabe“
A_{lim}	Limitativangabe
A_{mod}	Modalitätsangabe
AdjGr	Adjektivgruppe
AdjK	adjektivischer Kern
ADV	Adverbial (Passiv)
AdvGr	Adverbgruppe
AdvK	adverbialer Kern
AP	Antwortpartikel
Attr	Attribut
AS	Angabesatz
Det	Determinativ
E	Ergänzung
E1, E2	Ergänzung 1, Erg. 2
E_{adv}	Adverbialergänzung
E_{akk}	Akkusativergänzung
E_{mens}	Mensuralergänzung
E_{nom}	Nominativergänzung
$E_{präd}$	Prädikativergänzung
$E_{präp}$	Präpositionalergänzung
E_{prop}	Propositionalergänzung
ES	Ergänzungssatz
FO	Fokusoperator
FT	Fügteil
GP	Gesprächspartikel
HV	Hilfsverb

InfS	satzwertiger Infinitiv
Int	Intensivierer
Konj	Konjunktion
LF	Linksfeld
MV	Modalverb
NGr	Nominalgruppe
NK	nominaler Kern
NK′	NK-Strich
OP	Operator
Präp	Präposition
PrGr	Präpositionalgruppe
PP	Präpositionalphrase
PROBJ	Präpositionalobj. (Passiv)
RS	Relativsatz
S	Satz
S′	S-Strich (Restsatz)
S.	Aussagesatz
S?	Fragesatz
S1, S2	Satz 1, Satz 2
Subj	Subjunktion
SUBJ	Subjekt (Passiv)
V1-Stellung	Verberststellung
V2-Stellung	Verbzweitstellung
VL-Stellung	Verbletztstellung
VF	Vorfeld
VK	verbaler Kern
VP	Vergleichspartikel

6. Register

Die folgenden Einträge orientieren sich vor allem an den Kommentaren, nicht an den kompletten Feinanalysen. Daher sind sie in zweierlei Hinsicht nicht vollständig. Erstens existiert nicht zu jedem vorkommenden Phänomen ein Stichwort (z. B. gibt es keinen Registereintrag zu ‚Enom') und zweitens sind mitunter nicht alle Bäumchen-Nummern zu einem Phänomen angegeben (z. B. bei weitem nicht alle Modalitätsangaben). Einträge und Bäumchen-Nummern decken nur den Bereich der Kommentare ab.